U0735617

STUDY ON ECOLOGICAL TRANSFORMATION AND
EFFECT EVALUATION OF
COAL RESOURCE EXHAUSTED CITIES

资源枯竭型城市
生态转型及效果评价研究

曾旗　杜泽兵◎著

中国财经出版传媒集团

经济科学出版社
Economic Science Press

图书在版编目（CIP）数据

资源枯竭型城市生态转型及效果评价研究/曾旗，
杜泽兵著 . —北京：经济科学出版社，2020.4
ISBN 978 - 7 - 5218 - 1499 - 6

Ⅰ . ①资… Ⅱ . ①曾…②杜… Ⅲ . ①城市经济 -
生态经济 - 转型经济 - 研究 - 中国 Ⅳ . ①F299. 21

中国版本图书馆 CIP 数据核字（2020）第 066325 号

责任编辑：张立莉
责任校对：靳玉环
责任印制：邱 天

资源枯竭型城市生态转型及效果评价研究

曾 旗 杜泽兵 著

经济科学出版社出版、发行 新华书店经销
社址：北京市海淀区阜成路甲 28 号 邮编：100142
总编部电话：010 - 88191217 发行部电话：010 - 88191522
网址：www. esp. com. cn
电子邮箱：esp@ esp. com. cn
天猫网店：经济科学出版社旗舰店
网址：http://jjkxcbs. tmall. com
固安华明印业有限公司印装
710 × 1000 16 开 12. 25 印张 230000 字
2020 年 8 月第 1 版 2020 年 8 月第 1 次印刷
ISBN 978 - 7 - 5218 - 1499 - 6 定价：89. 00 元
（图书出现印装问题，本社负责调换。电话：010 - 88191510）
（版权所有 侵权必究 打击盗版 举报热线：010 - 88191661
QQ：2242791300 营销中心电话：010 - 88191537
电子邮箱：dbts@ esp. com. cn）

前　　言

近年来，资源枯竭型城市转型问题成为相关学者持续关注的热点问题。当前供给侧结构性改革不断推进，"生态、低碳、绿色、可持续"的思想深入人心，社会经济建设发展实现创新驱动，活力不断增强。这不仅为解决各地生态环境问题提供了新机遇，更为推动资源枯竭型城市的生态转型提供了新思路。

本书聚焦于煤炭资源型城市生态转型中的热点问题，综合运用生态经济学、城市生态学、生态足迹理论和相关交叉学科知识，采用理论研究与实证分析相结合、定量分析与定性描述相结合的研究方法，对煤炭资源型城市转型中的生态转型机制、生态足迹及预测模型、高新技术产业发展能力评价、生态转型效果评价体系进行了较为系统、深入、富有创新的理论、模型与应用研究。主要研究内容有以下方面。

第一，介绍了研究的背景和意义、国内外研究综述以及总体的研究内容、研究路径和研究方法；第二，分析了资源枯竭型城市生态转型的相关概念界定和理论基础及资源枯竭型城市——焦作市概况及生态发展现状；第三，研究了供给侧结构性改革背景下资源枯竭型城市生态转型机制；第四，研究了资源枯竭型城市生态足迹及构建了 ARIMA 预测模型；第五，研究了资源枯竭型城市生态转型中的高新技术产业发展能力评价；第六，研究了资源枯竭型城市生态转型效果评价体系；最后，提出了资源枯竭型城市生态转型提升策略。

本书可为我国资源枯竭型城市的可持续发展提供理论与实践参考。对于本书中可能出现的错误和不足之处，敬请各位读者提出宝贵意见。

曾　旗

2020 年 4 月

目　录

第1章

绪　论

1.1　研究背景及意义

1.1.1　研究背景

进入工业文明以来，人类在创造巨大财富的同时，遇到了前所未有的生态危机，特别是随着城市化的迅速推进，环境、资源问题日益突出，可持续发展备受关注。我国人均资源不足，人均耕地、淡水、森林分别仅占世界平均水平的32%、27.4%和12.8%，石油、天然气、铁矿石等资源的人均拥有储量也明显低于世界平均水平，是资源利用为主的后发国家，中国45种主要矿产的现有储量，能保证2020年需求的只有6种，资源瓶颈已经是一个不得不面对的现实。据统计，由于煤、天然气和石油等化石燃料的过度使用，人类现在消耗自然资源的速度已经超出了地球资源再生能力的20%。科学家们还跟踪了1100个物种的3000多个种群数量，1970~2000年调查显示：陆地和海洋生物物种数量下降了30%，而淡水生物物种数量则下降了50%。[①] 生态环境恶化的问题日益突出，尤其对资源型城市来说，生态问题面临更加严峻的形势。资源型城市是依托资源开发而兴建或发展起来的，我国资源型城市众多，约占城市总数的1/4。资源型城市的

---

① 资料来源：《中国能源统计年鉴（2018）》。

生产和发展与资源开发有极为密切的关系。随着资源的逐渐枯竭，城市发展极易陷入衰落。我国资源型城市人口规模都在几十万人以上，具有地级或县级的行政建制，不仅承担着资源开发的功能，也是所在地区的政治经济文化中心。"先生产、后治理"的传统经济增长方式使得资源型城市资源处于被掠夺式开发状态，随之而来的生态环境恶化以及因资源枯竭带来的一系列经济、社会问题，严重影响了资源型城市的发展和社会稳定。人类社会的发展实践证明：如果生态系统不能持续提供资源能源、清洁的空气和水等要素，物质文明的持续发展就会失去载体和基础，进而整个人类文明都会受到威胁。

随着中国经济总量成为世界第二且紧随美国之后，新的问题也随之而来，中国所面临的国际环境日趋复杂。当前以"信息化、数据化、智能化、低碳化"为内容的第三次全球科技革命正在到来，这为资源枯竭型城市的生态转型提供了历史性机遇和有力的支撑。在这种新的国际环境中，经济发展也已进入"速度变化、结构优化和动能转换"的新常态，其主要特征是技术或知识密集型重化工业与生产性服务相交融发展，推进资源枯竭型城市生态转型就必须更多地依靠国内的力量。

目前，供给侧结构性改革已进入深化改革阶段，积极推进供给侧结构性改革是综合世界经济形势以及我国经济发展新常态而作出的重大理论创新和决策部署。针对我国经济发展存在的重大结构性失衡问题，不能用解决周期性波动的"需求侧"去应对，而应从"需求侧"转向"供给侧"，采取供给侧结构性改革去化解，从"政府调控侧"转向"全面改革侧"。实现资源枯竭型城市的生态转型，不能像过去那样主要依靠大规模要素投入来推动，而要依靠提高全要素生产率来推动，提高全要素生产率，实现经济的健康可持续发展。

全力解决生态问题已成为世界各国发展的共识。近年来，随着中国工业化和城镇化发展、"人口红利"消失、人口老龄化提前到来，同时在连续30多年的经济高速增长后，资源日益短缺，环境污染压力加大，PM2.5等污染物引发的环境问题呈现集中爆发之势，中国所面临的环境污染问题比世界上其他经济体所遭遇的环境问题更为复杂，处于"局部改善、整体恶化"的态势。这些新的制约条件，使得资源枯竭型城市转型必须首先基于生态环境保护和修复。

中国在努力应对伴随着经济发展、城镇化提速以及不可持续的消费生活方式而来的生态环境压力和影响，并将继续加快推动形成绿色发展方式和生活方式，将生态文明建设作为治国理政的重要内容，积极践行"创新、协调、绿色、开放、共享"的发展理念，在全球环境治理中发挥积极作用。并通过"最严"的新《环保法》的实施，提升了环境执法力度及强硬的处罚措施等，环境法律的理念不断更新，环境保护实践将在法治道路上不断深入，以绿色可持续发展理念推动中国的生态文明建设。

长期以来，冶金、煤炭、林业等资源型城市为国家的发展壮大提供了物质基础，为推动现代化建设和实现小康社会做出了巨大贡献。然而，经过半个多世纪的开采，资源型城市面临着资源枯竭的问题，本书所研究的城市——焦作市是典型的资源型城市。2008 年，国务院公布了我国首批 12 个资源枯竭型城市名单，煤炭资源枯竭型城市——焦作市就是其中之一。焦作市作为国家认定的第一批资源枯竭型城市，矿产资源丰富，是河南省最早开始依托矿产资源发展工业经济的城市，其主要的矿产资源就是煤炭。长期以来，煤炭产业对焦作市社会经济发展做出了巨大贡献，但由于煤炭资源的不可再生性及过度开发，煤炭资源濒临枯竭，导致焦作市经济发展滞缓、环境污染严重等系列问题"井喷"，为了解决焦作市资源枯竭所带来的问题，焦作市在 1999 年进行了以旅游带动经济的转型，高新技术产业发展迅速，经过几年的努力，焦作市实现了成功转型也即"焦作现象"的出现。但伴随着焦作市以往的发展模式及资源的巨大制约作用，在转型中仍存在很多生态问题，可持续发展问题尤为突出。

1.1.2 研究意义

资源型城市随着资源枯竭继而出现的经济发展滞后、民生问题突出、生态环境压力大等系列问题，成为加快转变经济发展方式的难点地区，由资源型城市资源枯竭引发的经济危机和生态危机，使资源枯竭型城市陷入结构性衰退，面临着经济如何持续、城市如何进一步发展的"城市转型"和"经济升级"的双重压力。资源枯竭型城市的转型既是当地经济可持续发展的必需，也是现实问题的倒逼，转型之路势在必行。

资源枯竭型城市单靠内生资源的发展绝对是不可能的，而仅仅从外部引入个别资源禀赋也很难形成对外部资源的持续吸引。许多研究把问题归结为资源型城市的"建设－繁荣－衰退－消亡"的规律上，多注重"资源型"而不是"城市"上，应该把资源枯竭型城市转型的重点放到现代化城市建设上来，契合城市发展本质，只有在原有资源禀赋的基础上，抓住机遇转型，经济发展才有活力，各自探索出适合当地经济可持续发展的新路径，才能促进资源枯竭型城市更有效地进行生态转型。以供给侧结构性改革的视角，从制度创新、结构优化、产业转型、要素提升四个层面研究资源枯竭型城市的生态转型及效果，丰富了资源枯竭型城市的研究思路，并为资源枯竭型城市可持续发展提出有效的策略，具有重要的理论研究意义和现实意义。

党的十九大报告中明确把生态文明建设放在突出位置，建设生态文明，是关系人民福祉、关乎民族未来的长远大计。面对资源约束趋紧、环境污染严重、生态系统退化的严峻形势，必须树立尊重自然、保护自然的生态文明理念，把生态文明建设放在突出位置，实现可持续发展。区域的发展必须以当地的生态环境可持续发展作为基础前提和可靠保障。生态环境不仅承载着区域的社会经济活动，而且要为区域发展提供自然物质基础及废弃物的消纳空间，因此，是区域发展的核心决定因素。要实现区域的可持续发展，必须考虑区域资源的再生能力、替代能力、循环能力、净化能力等。生态足迹（ecological footprint）最早由加拿大生态经济学家威廉姆（William）等在 1992 年提出，并在 1996 年由瓦科那哥（Wackernagel）等加以完善的一种测量人类对自然资源生态消费的需求（生态足迹）与自然所能提供的生态供给（生态承载力）之间差距的方法。生态足迹的概念在 1999 年被引入我国，生态足迹方法主要适用于生态、可持续等的评价分析。因此，运用生态足迹方法对焦作市资源转型过程中生态问题的研究很有现实意义。研究以焦作市为代表的资源型城市中的生态足迹问题并提出合理的全方位的生态发展对策，为焦作市更好、更快地进行生态转型奠定基础，也为资源型城市的发展及转型提供了一定的借鉴意义。

面对国内外竞争环境的激烈变化，我国高新技术产业面临着严峻的考验和压力，尤其是资源枯竭型城市。纵观国内高新技术产业的发展过程，有些企业能适应市场变化，而有的企业就无法适应，陷入停滞或亏损状态，甚至有的从市场上消失。为了获得可持续发展，高新技术企业需要认清自身的发展现状，分析企业发展的优势及其劣势，为企业制定竞争战略、改善经营管理、促进企业技术升级和调整结果提供强有力的支持，满足管理和发展的需要，帮助高新技术企业外部利益相关者对企业发展做出正确的判断，满足政府管理部门、投资者等利益相关者的信息需求及决策需要，不断提升企业的综合实力。因此，对资源枯竭型城市转型中高新技术产业进行评价研究具有十分重要的实践意义。

1.2 国内外研究综述

1.2.1 国外研究综述

1.2.1.1 国外资源枯竭型城市及转型研究

依托资源而兴起的资源型城市是世界各地城市发展的一种重要模式，所有的资源型城市同样面临资源枯竭、产业结构失衡、环境污染严重等世界性难题。

18 世纪 60 年代，伴随着矿产资源大规模开发和矿业城市的诞生，英国发动首次工业革命，带动了当时许多国家相继发生工业革命，加速了全球工业化和城市化的进程。至 19 世纪末，全世界范围内如英国、美国、法国、德国等国家和地区，兴起了以各类自然资源开采发展起来的资源型城市或地区，法国的洛林、德国的鲁尔都是资源型城市集中的地区。20 世纪20 年代，国外最早实现工业化的国家如英国、美国部分地区开始出现了工业区衰退现象。而在 20 世纪 30 年代爆发的全球资本主义经济危机给资源逐渐衰退的地区的经济带来了更沉重打击，资源型城市的研究也是从这个时候开始的。

尤其是在"二战"后，作为战争与和平的缓期，西方各国把更多精力投入国家建设和经济改革之中，各地区对资源的消耗和需求更加突出。至20 世纪 60 年代左右，出现了资源产地的竞争和新一轮科技革命带来的新型能源，西方各经济大国的资源产业经济面临产量锐减、市场缩减、成本增加等问题，如法国的洛林、德国的鲁尔、日本北九州等地区的经济逐渐衰退。资源型城市在哪里最先衰退，也会最先开始在哪里转型，20世纪70年代初，一部分资源型城市开始转型。为了保证转型顺利有序进行，许多国家都制定了相关的政策和法规，重点从政府层面推动资源枯竭型城市转型发展，如德国的《煤矿调整法案》、英国的《煤炭工业私有化法方案》《煤炭远景展望》《工业和职业变更计划》、日本的《煤炭对策大纲》《产煤地区振兴临时措施法》、法国的《国土整治计划》等。

随着资源型城市的兴衰，国外专家学者对资源型城市的相关发展与转型的研究也逐步深入，为解决世界各国的资源型城市发展问题提供了重要的理论依据。国外关于资源型城市转型等问题研究较早，可追溯到20世纪30年代。其中，柳泽（2011）等把国外资源型城市的发展历程总结为四个阶段：即20世纪20~70年代中期的理论奠基与初步发展阶段、20世纪70年代末期至80年代中期的理论规范研究阶段、20世纪80年代末期至20世纪末的转型研究阶段以及21世纪以来的可持续发展阶段。

加拿大学者开创了资源枯竭型城市的早期研究，这一时期，资源枯竭型城市研究多以社会发展和稳定的角度研究资源型城市出现的经济和资源枯竭问题。研究的第二阶段，主要结合矿区生命周期理论以及经济结构转型问题等来研究资源枯竭型城市转型问题。如卢卡斯（Lucas，2001）对资源型城镇的工作、生活及模式进行了系统研究，并提出了资源型城镇的"建设期、发展期、转型期和成熟期"四阶段发展理论，此后，多位学者从不同角度就资源型城镇的发展阶段开展了持续的研究，且较多引述或修正这一划分方法。而在之后的研究中，布拉德伯里（Bradbury，2003）发展了资源型城镇的生命周期理论，增加了衰退阶段和关闭阶段两个新的发展阶段，并对处于衰退阶段的资源型城镇进行了实证研究。

随着20世纪末期可持续发展理论的逐渐形成和完善，资源型城镇研究的主要方向也转变为可持续发展方向。学者们致力于寻求资源开发、地区发展、社区建设和环境保护等各方面协调、可持续的资源型城镇发展路径和理论模式。

国外总结出来的典型成功转型模式有美国、加拿大、澳大利亚、日本模式和欧盟模式，并成为解决资源型城市发展问题的重要理论依据。从经济或产业转型模式上看，可以分为以德国鲁尔地区、法国洛林地区为代表的政府主导型，以美国、加拿大、澳大利亚为代表的市场主导型以及政策引导型三种。

在确定被废弃的采矿工业所引起的环境污染的不同来源的问题上，宾格瑞（Bagur，2009）等学者通过电感耦合等离子体质谱分析（ICP－MS），通过对测定土壤中 11 个元素的浓度，确定了其对水的影响，最终得出环境影响主要受区域内开采活动的影响、酸性排污以及用于黄金的化学处理，为解决此采矿工业区域的环境治理提供更加精确的治理措施。

艾瑞克（Erika，2012）提出了一种具有两种生产技术的世界经济动态模型，一种使用可耗尽的资源作为输入的资源技术，另一种是替代技术。发现资源提取的时间路径和替代技术的采用取决于技术的最优分配以及与资源存量相关的资本存量的大小。如果资本存量很低，只有资源技术一开始就被使用，替代技术将被延迟采用。并且用这个模型来分析发展中国家工业化对能源生产的石油和技术选择的影响，结果是能源生产的替代技术更早被采用。

皮科特（Pickett，2013）等指出，生态科学尤其是它与社会科学和城市设计中的学科相互作用，对城市系统的可持续转型做出了贡献，但是并不是所有的城市转型都可能会可持续发展，总结了可持续转型过程中涉及的动态和选择，提出了一种将城市中的生态过程融入社会、权力和经济之中的"超能力"框架。

杰西卡（Jessica，2016）等人指出，不同国家对生态城市发展的影响以及生态城市建设的前因后果。生态城市的转型发展应该建立在一个基于可持续解决方案的新技术社会制度上，还必须同时兼顾经济和效率。

克瑞斯特（Kerstin，2017）等人基于资源高效城市和韧性城市两个相互关联的城市概念，认为以人为本的方法承认不同参与者的感知、行为、需求和恐惧，起到了决定性的作用，需要城市行动者采取联合行动促进科技进步。瑞尘那（Rachna，2017）等人认为，城市矿业的目标是通过资源回收再利用达到保护环境和节约资源的目的，并引入城市矿业综合信息的概念。迈苏恩（Maysoun，2017）认为，很少人考虑当前判断城市是否做好应对转型的准备，他将转型的理论和可持续发展理论结合起来，引入可持续发展的理论逻辑模型，提出了一套系统全面的资源枯竭型城市可持续发展转型路径。

1.2.1.2 国外生态足迹研究

生态足迹概念自 1992 年被提出以来，在世界上引起了强烈反响及关注，生态足迹理论的方法及计算模型也在短时间在不同地域、尺度、空间和不同领域内得到不断应用和发展。近年来，在以瓦科那哥（Wackernagel）等为代表的两大组织——"加拿大生态足迹小组""发展重定义组织"的努力下，生态足迹的理论发展日趋成熟。人均生态足迹评价指标已经被很多工业国家纳入官方评价体系中，其经验也在不断地被很多国家借鉴和采纳。目前，国外关于生态足迹的研究主要集中在不同空间尺度方面。具体如下。

瓦科那哥（Wackernagel，2002）等人运用生态足迹的分析方法测算分析全球人类的可利用生态空间及生态占用空间。研究结果表明，1999 年全球的人均生态承载力值仅为 2.2 公顷，扣除 12% 用于保护生物多样性后的生物生产性土地面积，实际人均可用的面积则不足 2.0 公顷，该值即为 1999 年的全球人均生态承载力的阈值。相应地，全球人均生态足迹值为 2.8 公顷，人均生态赤字值则为 0.8 公顷。

世界自然基金会（World Wide Fund for Nature，WWF）及《生命行星报告》（*Living Planet Report*）（2000、2002、2004）对全球生态足迹进行了更为系统和全面的研究。基于生态足迹及其模型，深入跟踪并计算分析 1960 ~ 2001 年间全球 150 多个国家的人类活动对其自然产生的影响。报告结果显示，自 20 世纪 80 年代以来，人类的生态足迹值首次超过了地球的生态承载力，并且生态赤字水平一直不断扩大。2001 年的人均生态足迹已达 1961 年的 2.5 倍，其中总量达 1.35×10^{10} 公顷，人均生态足迹为 2.2 公顷，是地球生物圈生物生产性土地面积供给的 120%。

玛士（Mathis，1997）等针对全球层面运用生态足迹计算模型对拥有世界人口的 80% 及生产总值 95% 的 52 个国家及地区进行生态足迹、生态承载力的实证研究并提交《国家生态足迹》分析报告。在统计的国家及地区中存在生态赤字问题的占统计范围的 67.3%，而仅有小部分国家及地区全球的人均生态足迹水平在人均生态承载力的水平范围内，没有出现生态赤字问题。在研究的国家及地区中，已经超出这些国家及地区生态自然系统所能提供总量的 35%，全球的自然存量资源正在逐渐被耗尽。生态赤字问

题明显及影响力比较大的几个国家统计结果：美国的人均生态足迹水平为
10.3 公顷，生态承载力水平为 6.7 公顷，人均生态赤字达到 3.6 公顷。中
国人均生态足迹水平为 1.2 公顷，生态承载力水平为 0.8 公顷，人均生态
赤字达到 0.4 公顷。而孟加拉国的人均生态足迹在统计范围中的水平最低，
仅为 0.6 公顷。这些生态赤字国家及地区主要靠进口及耗尽自然资源活动。
一般而言，经济越发达的国家和地区生态足迹就越大，经济相对落后的地
区生态足迹就越小。

瓦伦（Vuuren，2000）等以 1980 年、1987 年及 1994 年作为研究时段，
进而计算分析了荷兰、哥斯达黎加等国家相应的生态足迹值；赫拉目特
（Helmut，2001）研究小组针对奥地利 1926～1995 年近 70 年的生态数据进
行生态足迹的计算分析；哥斯拉（Gossling，2002）以新西兰为例，通过引
入产出表进行生态足迹计算。

福鲁克（Folk，1997）等以欧洲波罗的海的主要 29 个大城市为例进行
研究，结果表明，这些城市占其流域面积不到 0.1%，而生态足迹至少需要
波罗的海整个流域的 75%～150% 的生态系统，是研究范围内城市所有面积
的 565～1130 倍；全球 20% 的人口居住在全球 744 座的大城市中，其人口
对海产品的消费量占全球海洋生态系统的 25%，而要消耗掉这些城市所排
出的 CO_2，则需要全球的森林碳汇能力再相应增加 10%。

在区域和城市尺度的研究上，瓦科那哥（Wackernagel，2002）主要对
渥太华、伦敦、东京等城市进行研究。研究结果显示，渥太华人均生态足
迹值为 5.0 公顷，总的生态足迹值达到其城市总面积的 200 倍；伦敦人均
生态足迹值为 15.8 公顷，总的生态足迹值达到 1970 万公顷，是其国土总
面积的 125 倍；东京总的生态足迹值达到 4811.94 万公顷，是其国土总面
积的 1.7 倍。

慕科砀（McDonal，2004）等对新西兰的 16 个地区进行生态足迹的计
算分析，结果显示，澳客德（Aukand）的人均生态足迹的值为 2.0 公顷，
在新西兰全国排名倒数第二，而由于其人口密度大，计算出的生态足迹总
量值则占据新西兰全国的 20%。

斯坦凡（Stefan，2000）等运用生态足迹的分析方法计算 117690 位非
洲塞吾尔的旅游者其相应的生态足迹值，计算结果表明，去研究地旅游一
次所需的生态足迹和全球人均生态足迹的值几乎相等。约翰（John，2003）

等计算了英格兰的默西塞郡其客运业生态足迹值，进而研究分析客运业所对全球的生态环境产生的影响情况。帕勒（Paul，2006）对阿姆斯特丹旅游及交通的生态足迹进行分析，研究结果表明，居住地距阿姆斯特丹的距离是影响生态足迹值的主要变量，其次就是交通方式的影响，其中长途旅游较短途的影响更大。

近年来，出现了在流域、家庭、个人等小尺度方面的研究。柔斯（Roth E，2000）等年综合经济、生态及经济因子间的交互作用，利用了生态足迹模型构建揭示水产业内部发展规律的评价标准。彼格（Berg H，1996）等利用了生态足迹模型分析在不出现生态赤字前提下的卡瑞坝（Kariba）湖中的鱼类其生长的合理规模。詹森加嵩（Jason，2001）等计算分析水足迹、能源足迹、交通足迹等进而评估雷德兰兹（Redlands）分校相应的教学科研及师生生活对其所在学校相应区域环境的影响。

另外，在家庭及个人生态足迹评价体系方面一些学者也进行了一些研究。发展再定义（Redefining Progress，RP）组织于2003年提出了关于家庭生态足迹的计算框架，研究进入了微观及个人层面。地球日网站提供了关于测定个人生态足迹方面的调查问卷，这种方法只需要回答相应的若干问题就可得出每人的生态足迹大致值，这对于改变人们生活方式起了积极作用。

1.2.1.3　国外高新技术企业评价研究

国外对高新技术企业绩效评价的研究较早，评价指标也涉及多个方面，如莫里亚蒂（Moriarty，2013）将评估指标分为市场指标和技术指标，建立了高新技术企业评价指标模型。固瑞克（Grkkik，2016）在高新技术企业绩效评价指标体系的研究中，提出其体系应包括内部与外部两个方面，内部因素是成本、生产流程、工作效率、产品和收入。约翰（John，2015）在研究中认为研发投入、创新行为规模、创新行为规模等指标也能够较好的体现企业绩效。开尔文（Kelvin，2014）强调了组织战略在确定企业绩效指标中的重要作用，反映了绩效目标和绩效指标的互赢性，揭示了战略目标自上而下和经营指标自下而上逐级重复运动的等级制度。施普尼安（Subramanian，2016）从创新的平均数量、创新平均所费时间以及领先对手推出创新的时间三个角度衡量创新绩效。特欧（Trevor，2017）主张用人均新产品销售收入来衡量高技术产业创新绩效。杰科（Jaakko，2018）认为，研发经费投入和企业规模对企业技术创新影响较大。杜斯特（Duysters，2014）认为，R&D 投入能够表征企业创新行为特征，对创新绩效有重要影响，特别是高新技术产业。互勒（Hurley，2013）认为，创新能力可以将新思想、新观点转化为创新的工艺或产品，进而提高企业的创新绩效。国外对于高新技术企业核心竞争力的评价大多是以企业能力为评价指标。杜兰德（Durand，2011）把核心能力分为卓越资产、认知能力、程序与常规、组织结构、行为与文化五要素，并提出度量能力差距的测度框架。哈迪森（Henderson）等结合主观评分方法和纯粹定量指标，认为核心能力分为元件能力和构架能力。迈耶（Meyer，2012）产品族和产品平台背景下，从产品技术、对用户需要的理解、分销渠道、制造能力四个维度评价企业核心竞争力。

1.2.2 国内研究综述

1.2.2.1 国内资源枯竭型城市及转型研究

无论是国际还是国内，对于相关资源枯竭型城市的系列研究都是随着资源型城市的发展过程而展开的。新中国成立以后，国家对于能源、原材料需求增大，资源开发受到极大的重视，而随着资源的开发，大规模的煤、铁生产，促进了当地经济的快速发展，矿产资源成为重要的生产要素，一些规模逐渐扩大的城市成为不同种类型的资源型城市，如大庆、玉门、鸡西等。从 20 世纪 50 年代开始，我国提出了优先发展重工业的发展战略，城市建设重点围绕工业化展开，形成如大庆、攀枝花等多个以资源开发为基础的资源开发型群落。因此，我国资源型城市的形成以及发展大多是国家直接投资控制和扶持的主要对象，并由国家控制和计划分配资源，是国家计划经济体制下的产物。

20 世纪 80 年代以后，国家进行经济体制改革以及实行积极对外开放的战略，对资源型城市的发展产生了重大影响。一方面，随着改革开放的不断深入，国家把更多的关注投向了沿海地区；另一方面，建立社会主义市场经济体制，企业逐渐摆脱政府行政控制，开始自主经营、自负盈亏、自我发展，非国有经济、地方资本以及外资逐渐成为推动当地经济发展的主导力量。国家投资减少以及经济体制的改革，使得经济结构单一、传统计划经济体制根深蒂固的资源型城市受到较大冲击，再加上资源型城市具有普遍的生命周期，从 20 世纪 80 年代中期之后，我国部分资源型城市开始出现衰退，专家学者对于资源型城市的发展逐渐重视，因此，对资源枯竭型城市的研究逐步从 20 世纪 80 年代开展起来。

进入 21 世纪以后，基本上没有新的资源型城市产生，却逐渐产生了一大批资源枯竭型城市。伴随着资源型城市的衰退，大量大中型国有资源型企业破产，接续产业跟不上、城镇经济发展倒退、大批工人失业、社会保障负担重、生态环境严重破坏等一系列的经济、环境、社会问题的"多米诺骨牌效应"。同时许多资源濒临枯竭或者未枯竭的城市受开采条件、技术、市场价格等因素的影响，开采难度和成本也增加了。几乎所有的资源型城市都有不同程度的"矿竭城衰"的表现，部分资源枯竭新城市已成为最困难地区。资源枯竭型城市要么"矿竭城亡"，要么"城市转型"，实现涅槃。作为我国大多数人口规模大并且是区域中心的资源型城市其最好的也是唯一的出路就是经济转型，走可持续发展道路。

2001 年 12 月，辽宁省阜新市确定为全国资源枯竭城市首批经济转型试点城市，我国的资源型城市经济转型也正式拉开帷幕。国家高度重视资源型城市的转型问题。在 2002 年十六大作出了"重点支持东北地区等老工业基地的调整和改造，支持资源枯竭型城市加快发展接续产业"等振兴东北等老工业基地的重大战略部署，资源枯竭型城市的经济转型也得以全面展开。在 2007 年党的十七大期间，国务院出台了新中国成立以来第一次专门针对资源型城市可持续发展问题的综合性政策文件——《关于促进资源型城市可持续发展的若干指导意见》，提出要在 2010 年前基本解决资源枯竭城市存在的突出矛盾和问题，并于 2015 年前在全国范围内普遍建立健全资源开发补偿机制和衰退产业援助机制等，支持资源枯竭型城市实现经济转型。

2013 年 12 月，国务院出台了首部关于资源型城市可持续发展的国家及专项规划——《全国资源资源型城市可持续发展规划（2013～2020)》（以下简称《规划》），《规划》中按照资源状况和可持续发展能力首次确定了成长型、成熟性、衰退型和再生性四种资源型城市类型共 262 个资源型城市。

2016 年 9 月，北京大学国家资源经济研究中心构建的"中国资源型城市转型指数"发布，并由李虹所著首部关注全国性资源型城市转型的研究成果——《中国资源型城市转型指数–各地级市转型评价》也同期发布，这也是首次以转型评价为切入点研究资源型城市转型问题的理论探索，资源型城市进入可持续发展的新阶段。该研究的最大特色在于结合发展问题和转型目标，构建了中国资源型城市转型，包括"经济转型、社会转型、环境转型、制度转型"4 个一级指标、10 个二级指标、46 个三级指标的综合评级指标体系，对资源型城市转型能力和效果进行综合评价。

产业转型升级的实践模式可以分为六类：以市场为主导的转型模式、以政府为主导的转型模式、自由放任式转型模式、产业延伸模式、产业更新模式与复合模式。在资源枯竭型城市转型初期，由于没有可以参考借鉴的转型经验，一切都要依靠自身摸索试探，需要在不断的转型中吸取经验教训，资源枯竭型城市初期转型面临的职工安置、就业等直接困难较多。因此，资源枯竭型城市经济转型研究初期的落脚点大多集中研究转型成本、就业等问题。除此之外，还有经济转型的方向、模式或战略选择上，如卢凤岐（2002）把资源枯竭型城市经济转型分为理性转型和非理性转型两种态度，指出经济的转型方向有向以农业为主结构转换的"返农型模式"（退一模式）、向以服务业为核心的第三专业转型的"现代服务型模式"（进三式模式）、向外向型城市转型的"外向型模式"、期盼现代化未来城市的"未来型模式"四种参考模式。李继平（2013）通过建立相关经济数学优化模型，对替代产业项目进行评价及优化选择，从客观角度选择经济转型的方向和途径。

资源枯竭型城市转型的研究中有很多关于产业转型方面的研究，大多数专家或学者认为，资源枯竭型城市转型重点是要进行产业结构调整。

首先，在产业转型的概念的界定上，李继平（2013）认为，工业转型是工业结构的战略性调整，而不是简单的适应性调整。煤炭产业转型是指为了在产业衰退之时接替产业能够及时有效保障地区经济系统健康持续发展，如在煤炭产业还未衰退时，就要培育发展现代化程度高的产业或者项目。

其次，在研究产业转型的思路及模式上，如孙雅静（2013）认为，不同发展阶段的资源型城市应选择不同发展模式和路径。但在市场经济下，资源型城市的发展是以资源型产业为城市发展的支柱，并且是政府、城市和个人共同努力的结果。闫丽珍、闵庆文、成升魁等人（2016）同样提出资源枯竭城市的两个关键要素是"资源"和"城市"，两者不能脱离任何一方来研究产业转型，在具体选择模式时，要综合各方面因素，包括资源型城市的发展阶段，城市要素对产业转型模式及城市发展的影响等。姜春海（2016）认为，资源枯竭型城市要摆脱对资源的依赖，产业转型要建立资源开发补偿、衰退产业援助和替代产业扶持三种援助机制来重点扶持非资源型的替代产业发展。孟韬（2017）更加综合详细地提出了"土地资源替代型、劳动替代性、资本接续性、资本替代性、技术接续型、技术替代型"的六种产业转型模式，并把资源枯竭型城市的转型定位归纳为接续产业与替代产业之间的选择以及接续产业类型与替代产业类型的选择两个方面。

另外，一些专家和学者也分别从不同角度研究了资源枯竭型城市转型问题及对策。如参考美国、澳大利亚、日本、欧洲等国的产业成功转型，官锡强（2015）深刻分析了我国资源型城市存在的诸如产业结构单一、区位偏离、国企比重高、市场率低、缺乏资源依据等问题，提出了资源枯竭型城市要加快延伸产业链、培育和扶持新型主导产业等转型经验。万会（2016）把用于企业分析的 SWOT 分析法应用于资源枯竭型城市转型的分析中，首次从寻求低熵和延缓熵值增高的角度，从经济学角度对环境污染指数进行了评价，探索了资源枯竭型城市转型的出路。李彭蓉（2008）以阜新市在转型过程中利用外资存在的问题为切入点，结合外资理论的相关理论，以小见大，从资源枯竭型城市利用外资的角度，为资源枯竭型城市产业转型提供思路参考。陈慧女（2010）通过理论及实证论证分析了国内典型资源枯竭型城市经济和产业发展过程中存在的问题，认为中国多数城市目前还处于产业转型初期。徐会（2011）在分析煤炭城市接替主导产业选择的机理基础上构建了接替主导产业的选择模型，确定了煤炭城市产业转型目标定位的依据和转型模式。

近几年产业转型研究多结合实证和规范研究、定性分析和定量分析、比较研究、政策研究等方法对产业转型进行评价。如李明（2013）构建了社会、经济、资源与环境三类指标体系，引用因子分析法数据处理模型和SPSS 辅助软件，对社会、经济、资源与环境层面进行横向对比和纵向评价研究，评价产业转型发展效果并判断其发展趋势。

大多数学者对资源枯竭型城市转型效果评价研究的思路都是构建评价指标、选择评价方法、收集指标数据、实证、评价结果分析。从构建评价指标来看，余建辉等（2011）构建了"基础、经济、社会、生态"四个维度的评价指标体系，分析了资源枯竭型城市转型效果以及当地区域发展地位提升两方面状态。黄海龙（2010）构建了"社会、经济、资源、环境"经济转型评价体系，通过因子分析方法分别从横纵两个方面评价了典型资源枯竭型城市的转型状况。淡永雕（2013）应用层次分析方法（AHP），从经济、政治、社会、文化、生态文明"五位一体"建设出发构建经济转型评价体系，对资源枯竭型城市经济转型效果进行了评价。孙中欣（2014）同样利用层次分析法，构建经济、产业、人民生活、生态环境指标，对焦作市资源枯竭型城市经济转型效果进行评价。

从评价方法来看，对资源枯竭型城市转型评价方法主要有专家打分法等专家评价方法，层次分析法、模糊综合评价法、灰色综合评价法、数据包络分析法等数学评价方法以及人工神经网络评价法等新型评价方法，或者是不同种方法的混合使用等，随着相关知识的不断引入和融合，评价方法也在不断改善和创新。

如乔有成（2017）基于灰色理论的灰色关联分析方法，在不完全的信息中，计算各产业与焦作市 GDP 的关联度，分析经济转型效果。李东阳（2009）以城市经济转型和在城市发展的角度，结合系统动力学仿真分析研究了资源枯竭型城市经济转型效果。孙龙涛（2012）使用"目的树"分析资源枯竭型城市循环经济结构，采用熵权法 – TOPSIS 分析方法，对铜陵市进行动静结合的分析。郑伟（2013）利用偏离 – 份额分析法，选取首批资源枯竭型城市进行对比，分析其经济增长和转型发展情况。

近几年，学者也越来越注重对于资源型城市转型的效率的评价，刘晓丹（2015）分别从效率和效果两个视角构建评价指标体系，用非期望产出的 SBM 模型进行转型效率的研究，效果方面则采用主成分分析法和层次分析法等评价方法。张泽群（2016）利用 DEA 方法从经济和环境两个方面，结合投影定理来评价其资源枯竭型城市的转型效率。

当前资源型城市尤其是资源枯竭型城市正处于城市转型发展的关键时期，在转型政策的支持下，资源枯竭型城市的发展态势良好。而转型的路径、模式建议及体制机制方面的许多问题尚待破解，从根本上实现转型还有很长的路要走。国内专家学者对资源枯竭型城市研究起步较晚，近几年发展得却很快，以资源型城市转型为核心的相关研究是我国目前关于资源型城市的研究的热点问题，目前大多集中研究资源枯竭型城市生态、可持续转型，而系统对生态转型的效果评价研究较少。

1.2.2.2　国内资源枯竭型城市生态足迹研究

随着国内资源枯竭叠加经济新常态，资源枯竭型城市的经济转型逐渐向生态转型靠拢，近几年文献越来越多。如白中科（2004）认为，资源枯竭型城市产业转型的三大核心即是自然科学的"硬件"、社会科学的"软件"和生态科学的"心件"。资源枯竭型城市也应当从生态经济系统角度入手对产业转型进行风险评估，从而探索适合中国国情的资源枯竭型城市的产业转型模式。

生态足迹的分析方法自1999年引入我国以来得到快速发展，被翻译为生态占用、生态脚印等，在生态足迹区域研究方面的实践成果于2000年最早出现。国内学者在生态足迹研究方面也做了不少努力和尝试，早期研究主要体现在理论述评和单年份的区域核算方面，如徐中民、张志强、谢高地、王书华等人（2013）所做的研究。随着学者的不断尝试，目前大多数学者热衷于利用生态足迹模型从不同尺度对区域的可持续发展情况进行评价研究。

易艳春等（2016）运用生态足迹模型，对资源枯竭城市生态发展状况进行研究。张慧（2016）通过建立资源型城市城市化与生态环境综合指标评价体系，分析了资源型城市城市化与生态环境之间的耦合协调关系及演进趋势。刘丹（2016）在创新能力和协同理论分析框架下，从宏观、中观、微观全方位提出企业、产业和区域生态效率的提升模式。陈燕等人（2015）认为，资源枯竭型城市要把生态文明建设融入资源枯竭型城市生态转型发展的全过程中，打造成为宜居型生态城市。岳丽萍（2017）对实现资源型城市的可持续发展从主体异质性视角下、空间异质性视角下以及类型异质性视角下，探究了中西部资源型城市可持续发展的长效机制。夏敏等人（2017）对煤炭资源枯竭型城市工矿用地的时空变化进行了实证分析和预测，为该类型城市实现可持续发展、进行生态转型提供理论决策支持。毕宏伟（2016）分析资源型城市金融业带来的发展机遇，从供给侧结构性改革视角提出了金融支持资源型城市转型的政策建议。叶振宇（2017）通过分析中西部、东部一些代表性的老工业基地的振兴发展的五种模式，提出了对其他老工业城市的振兴发展的建议。郑有贵（2016）认为，应该把供给侧结构性改革与资源城市生态转型有机统一起来，增强资源型城市转型发展内生能力和集聚能力。

在国家尺度方面，徐中民等（2013）计算分析了 1999 年中国的人均生态赤字水平为 0.645 公顷，结果表明，我国处于不可持续发展状态；同时并测算 1999 年中国的生态足迹多样性及各省的发展能力等。刘辉等（2005）对中国 1962～2001 年 40 年的生态足迹进行研究，结果显示，研究时段内生态足迹及生态承载力总量均出现上升趋势，但生态足迹总量的上升速度则明显快于生态承载力总量，最终超过生态承载力总量，出现生态赤字。在省级尺度方面，邓踪（2003）对四川省 1997～2001 年的生态足迹进行了动态分析，利用最小二乘法来建立相应的预测模型，并对生态足迹进行预测；岳东霞等（2004）对甘肃省 1991～2001 年的生态足迹进行了研究分析并相应地预测未来 10 年的可持续发展的趋势；谭庆等（2008）对湖北省 1985～2004 年的生态足迹进行计算分析。在市、县尺度方面，徐中民等（2013）以 1995 年的张掖地区发展状况为例，最早进行尝试引入可持续发展的定量研究这一新方法；司寰运用生态足迹计算分析了东莞市 1997～2001 年的发展情况；郭秀锐等（2003）以广州市为例，对广州市 1995～2000 年的生态足迹进行计算与分析；任茜（2005）从时间及空间方面对都江堰的可持续发展作出了定量评价；智瑞芝等（2005）运用生态足迹法对大庆市 20 多年的生态足迹进行可持续性的动态评估分析；叶田等（2005）对上海市的生态足迹进行计算分析，并提出应在现有的生活水平下尽量减少生态足迹，从而提高城市整体的可持续性；赵先贵等（2016）在原有生态足迹计算模型基础上提出了生态压力指数模型、生态占用指数模型、生态经济协调指数模型，针对西安市 1978～2003 年的生态足迹水平进行了动态分析，结果表明，西安市目前处于不可持续性发展的状态，环境恶化，安全系数低，社会经济的发展与生态环境发展的协调度较差；徐映雪等运用 GIS 技术对关中地区 1996～2005 年的生态足迹进行分析，并运用区域重心模型对关中地区生态足迹进行动态演变轨迹及变化趋势分析。

此外，对生态足迹的研究还出现了新的视角。刘建兴等（2007）计算分析了中国 1990～2000 年三大产业的生态足迹及生态承载力；刘锐（2005）提出了关于旅游景区的生态足迹的评价研究框架，同时并计算分析了中华山公园扩建千户的生态足迹及承载力的变化情况；吴隆杰（2005）用生态足迹指数方法对渔业的可持续利用情况进行了比较、分析及预测。

我国关于生态足迹的相关研究相对国外而言总体上相对滞后。研究方向主要集中在全国尺度范围内及生态环境脆弱区，而其他方向的研究较少。

1.2.2.3　国内高新技术企业评价研究

在高新技术企业绩效评价研究方面，主要集中在以下方面。

一是从投入和产出构建评价指标体系对高新技术企业进行绩效评价。如白琴琴（2017）从创新投入和创新产出两个方面建立评价指标体系，采用 DEA 评价方法对包头市高新技术企业 2004～2015 年的发展现状进行绩效评价。吴丹（2016）从产业规模、科技创新、经济效益三个层面构建了高新技术产业发展现状评价指标体系，从投入和产出角度构建了高新技术企业技术创新效率评价指标体系，运用熵值法和 DEA 模型对合肥市高新区高新技术产业进行评价研究。张薇（2015）以河北省为例，以创新投入和创新效益作为评价指标，利用 DEA 模型对河北省各市高新技术企业创新绩效进行综合测评，揭示了创新资源、创新活动和创新绩效的关系，并提出提高河北省高新技术企业创新绩效的对策建议。张雷（2015）以山西省为例，以集群自我发展、创新投入、产出、成果转化和环境支撑能力为评价指标，构建高新技术产业集群式创新能力的测度指标体系，运用投影寻踪分类模型和协同度测度模型对其能力现状和协同发展情况进行了测度分析。

二是以企业能力为评价指标对高新技术企业进行绩效评价。如贾元旭（2007）以辽宁省为例，以创新资源投入能力、创新管理能力、研究开发能力、生产制造能力、创新营销能力为评价指标体系，采用模糊评价理论对辽宁省高新技术企业的创新能力进行评价，提出了提升技术创新能力的路径。王岩（2011）以价值创造能力、综合财务能力、学习成长能力、内部创新能力为评价指标体系，基于委托代理理论、价值管理理论、权变管理理论，采用经济附加值和平衡计分卡建立评价指标体系，以 19 家在创业板上市的高新技术中小企业作为样本，采用人工神经网络方法对高新技术中小企业业绩进行评价。李晶晶（2016）以河南省高新技术企业为研究样本，研究了高新技术企业研发投入对企业盈利能力、发展能力以及创新能力之间的影响关系。另外，相关学者应用灰色理论、混沌数学和人工神经网络对高新技术创新项目进行绩效评价。

三是从财务维度和综合维度构建评价指标体系。如王伟伟（2014）以利益相关者理论、企业生命周期理论为基础，选用主成分分析法从财务维度和综合维度对高新技术企业进行绩效评价。张雪菁（2013）基于生命周期理论引入平衡计分卡，从财务、利益相关者、研发与创新、内部业务流程、学习与成长五个层面选取绩效评价指标体系，对成长期的高新技术企业进行绩效评价。杨成（2014）在利益相关者理论、团队理论和绩效评价理论的基础上，结合平衡计分卡的基本原理，从财务、客户、内部运营、学习与成长四个维度来分解企业战略目标，分别构建能力性指标、过程性指标、结果性指标，对高新技术企业研发团队进行绩效动态评价。孙琳琳（2012）从财务、顾客、内部流程、学习成长与创新四个方面建立评价指标体系，以平衡计分卡理论为基础，引入 EVA 思想，选取内蒙古地区 71 家高新技术企业的相关数据，采用因子分析法和层次分析法对样本进行财务绩效评价和综合绩效评价。郝晓燕（2016）以山西省为例，从经济、社会、资源和环境四个维度构建煤炭产业转型绩效评价指标体系，运用熵值法和正态云模型对山西省煤炭产业转型绩效进行测度和评价。

1.2.3 国内外研究评述

资源枯竭型城市研究热点可以划分为资源型城市转型理论研究、资源型产业转型策略研究以及资源型城市转型实践研究三个研究领域，国内外对资源枯竭型城市转型的研究文献逐年增多，但整体水平有待提升。

资源枯竭型城市转型在不同阶段的工作重点不同，研究方向也不同。长期以来，对生态环境问题没有给予足够的重视，随着资源枯竭型城市生态转型各项措施逐步实施，转型成果初见成效。整体来说，资源枯竭型城市是从经济转型向社会转型和生态环境转型。从产业转型方面看，则是从传统产业模式到污染控制模式，再到生态产业模式转型。从产品经济功能看，资源枯竭型城市的经济转型从传统线性经济模式向循环经济模式转型。

从对环境的认识来看，则是从专注于生态和污染问题到资源管理，从局部环境问题，再到全球环境问题，从末端治理，最后到全过程控制，资源枯竭型城市生态转型的观念不断地变化和深入。

从研究方法上看，资源枯竭型城市的研究从经济、就业、产业、环境等单一性转到综合性研究方面发展，从单纯的理论政策研究转向实证和理论相结合的研究，而且大多数的研究对象集中在正衰败的资源型城市。但是资源枯竭型城市的生态转型效果差异较大，究竟如何解决资源枯竭型城市生态转型遇到的困难一直是专家和学者们要致力于研究的关键问题。总而言之，研究资源枯竭型城市问题及提出解决问题的对策较多，对不同资源枯竭型城市如何选择接替产业并没有统一的标准答案。而且以往研究大多侧重于资源枯竭型城市本身的社会、经济问题，对于发展好的或是正在起步的资源型城市在预防方面没有参考价值。虽然我国对资源枯竭型城市研究方向以及方法很多，但是在"供给侧结构性改革"背景下，研究资源枯竭型城市生态转型的文献较少。

当前，国内外对资源枯竭型城市可持续发展方面的研究日益成熟，但对于生态足迹模型相应的研究仍有待进一步探讨。尤其在国内研究方面存在很多的不足之处，主要体现在如下几个方面：（1）运用生态足迹模型的评价方法对区域的可持续发展进行评价，仅用所涉及的生态足迹指标进行评价不能全面、更好地维持区域可持续发展的程度，为了使生态足迹的应用范围更广、研究的结果更可靠，本书通过引入万元GDP的生态足迹及生态压力指数，以便更好地分析生态可持续的发展情况。（2）在生态足迹的计算分析中，对于产量因子的选取，大多数研究采用已有研究中的全国产量因子，不能够更好体现出具体区域各类生物生产性土地及其相应的实际生产力。（3）在对生态足迹未来发展趋势预测时，大部分研究采用简单的线性回归、最小二乘法等，其预测结果具有一定的偏差，不能很好地预测未来的发展趋势。本书引入时间序列预测方法 ARIMA 模型进行生态足迹的预测，能更好更准确地反映以后的发展趋势。

近年来，关于高新技术企业评价的研究成果不断丰富，国内外学者在高新技术企业评价的指标体系和数学模型上取得了一定的研究进展，对于高新技术企业的评价已经有了一些方法和工具，却还是无法满足当前日益增长的对评价的需求，国内外学者还在不断的探索和开拓。因此，对于高新技术企业的评价还存在一些改进之处。首先，目前对于资源枯竭型城市高新技术企业发展现状的分析并不充分，未能充分考虑资源枯竭型城市的特殊性；其次，国内对于高新技术企业的评价大多基于投入和产出维度，缺乏对高新技术企业发展方面的研究；最后，对于高新技术企业发展对策的研究大多是定性分析，缺少基于资源枯竭型城市转型发展高新技术企业的经济基础和政策实情，未能针对性地提出发展高新技术企业的对策建议。

综上所述，本书试图在供给侧结构性改革背景下，对资源枯竭型城市生态转型机制、资源枯竭型城市生态足迹及模型构建、资源枯竭型城市生态转型中的高新技术产业发展能力评价、资源枯竭型城市生态转型效果评价等方面作较为深入、系统的理论与实证研究。

1.3 研究内容、路线和方法

1.3.1 研究内容

本书第 1 章主要介绍了写作的背景和意义、国内外研究综述以及总体的研究内容、研究路线和方法；第 2 章介绍了资源枯竭型城市生态转型的相关概念界定和理论基础；第 3 章研究了供给侧结构性改革背景下资源枯竭型城市生态转型机制。具体包括：资源枯竭型城市资源了类型及分布、资源枯竭型城市生态转型发展的现状和问题、供给侧结构性改革驱动资源枯竭型城市生态转型机制；第 4 章介绍了资源枯竭型城市概况及生态发展现状；第 5 章研究了资源枯竭型城市生态足迹及构建了 ARIMA 预测模型，具体包括：生态足迹模型的前提假设及焦作市生态足迹模型的评价体系、生态足迹模型的计算方法、ARIMA 模型的概念及计算方法、焦作市生态足迹计算分析及预测；第 6 章研究了资源枯竭型城市生态转型中的高新技术产业发展能力评价，具体包括：资源枯竭型城市高新技术产业发展环境的 SWOT 分析、资源枯竭型城市高新技术产业发展能力评价指标体系、焦作市高新技术产业发展能力模糊综合评价；第 7 章研究了资源枯竭型城市生态转型效果评价体系，具体包括：资源枯竭城市生态转型效果评价的指导思想、资源枯竭城市生态转型效果评价的指标体系、资源枯竭型城市生态转型效果评价模型构建、焦作等 24 个资源枯竭型城市综合评价及结果分析；第 8 章提出了资源枯竭型城市生态转型提升策略，具体包括：制度变革层面、产业升级层面、结构优化层面、要素升级层面。

1.3.2 研究路线

研究路线如图 1.1 所示。

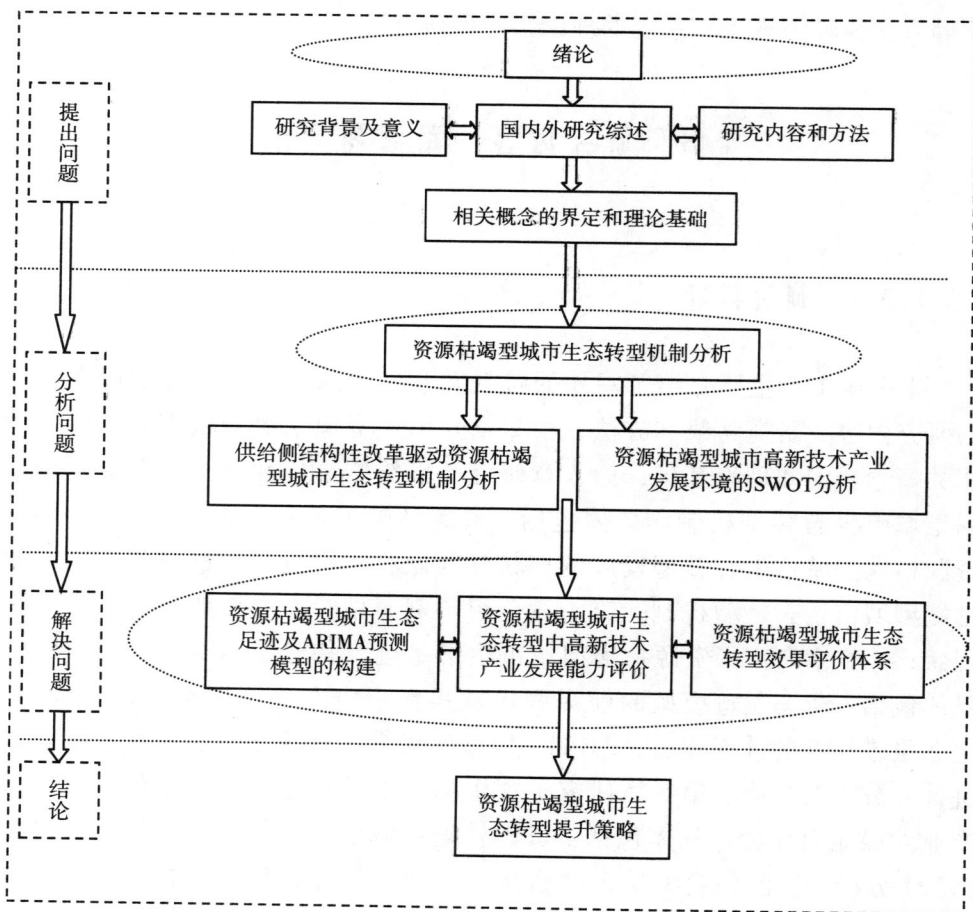

图 1.1 研究路线

1.3.3 研究方法

1.3.3.1 文献研究法

本书通过查阅"知网"等相关网络资源文献，梳理与总结了国内外有关资源枯竭型城市生态转型的研究成果，包括资源型城市的界定、生态转型的概念、理论基础、评价模型方法等相关理论知识，为研究内容的完成提供参考和借鉴。并借助文献检索与管理系统（Note Express）方便参考文献的梳理和整理，规范参考文献的使用。

1.3.3.2 定性和定量相结合的方法

本书基于产业经济学、生态经济学、生态足迹等相关理论，理论与实证、定性与定量、静态与动态相结合，根据相关部门的统计数据、研究报告等相关资料，通过阅读大量的参考文献，梳理整理专家学者对资源枯竭型城市生态转型的相关研究，分析了供给侧结构性改革驱动资源枯竭型城市生态转型机制，构建了区域生态足迹评价模型，对焦作市生态足迹计算、分析及预测。分析评价了资源枯竭型城市生态转型中的高新技术产业发展能力。从资源节约、经济持续、社会和谐、环境友好、创新引领五个方面构建资源枯竭型城市生态转型效果评价指标体系。并对24个资源枯竭型城市生态转型效果进行排序。

1.3.3.3 实证研究

本书以典型的资源枯竭型城市焦作市为例，构建了资源枯竭型城市生态足迹评价模型、高新技术产业评价体系、生态转型效果评价分析体系，借助 EXCEL、SPSS16、AHP 等软件的使用，采用改进的 TOPSIS 评价方法，根据所得结果分析24个资源枯竭型城市生态转型的效果，并提出供给侧结构性改革背景下资源枯竭型城市生态转型的路径。

第 2 章

相关概念的界定和理论基础

2.1 相关概念的界定

2.1.1 资源型城市及资源枯竭型城市

2.1.1.1 资源型城市

尽管资源型城市的相关研究逐年增多、日趋深入，资源型城市的概念也被广泛使用，但是对于资源型城市的科学界定并没有达成统一的认识。国外并没有明确提出"资源型城市"的概念，而提出了相关名词如"resource towns""mining towns""resource-dependent towns""company towns"，等等。国内较早的概念是"矿业城市""矿区""煤炭城市""老工业基地"，等等。对于资源型城市的科学界定国内外政府和学者也提出了不同的标准。根据矿业和城市产生的先后顺序提出"发生学标准"，即分为"先矿后城"和"先城后矿"两种类型，但是此标准并没有界定"矿"发展到什么程度才算资源型城市。另外，资源型城市并不始终是资源型城市，有些资源型城市若干年后却不再是资源型城市，这样的"动态学标准"认为，资源型城市要通过"定量界定为主，定性判断为辅"的定性与定量结合的方法，排除定性判断的主观因素和定量判断的复杂性，通过动态的全过程来判断。对于资源型城市来说，城市的生产和发展与资源的开发有着密切联系。根据资源开采与城市形成的先后顺序，资源型城市的形成有两种模式，一种为"先矿后城式"，即城市完全是因为资源开采而出现的，如大庆、金昌、攀枝花、克拉玛依等；另一种为"先城后矿式"，即在资源开发之前已有城市存在，资源的开发加快了城市的发展，如大同、邯郸等。综上所述，资源型城市可解释为以当地矿产、森林等自然资源开发、加工利用为主导产业并得以发展的城市。

资源型城市既具有城市的共性，又具有依赖资源的特殊性，具有其自身的特点。由于政府文件或者权威文献中并没有明确规定资源型产业占多大比重才可以称之为资源型城市，目前，学术界关于资源型城市的认识还是众说纷纭，可谓是"仁者见仁、智者见智"，没有统一的定论。基于不同的研究标准，不同学者给出了不同的表述。从定性的角度来看，有的学者强调城市主导产业，他们认为，资源型城市是随着资源的开采而发展起来的，所以主导产业是采掘业和初级加工业；有的学者强调资源，他们认为，资源型城市的发展主要依靠资源，是在资源开发的基础上发展起来的。从定量的角度来看，学者对于与开采业有关的劳动人员在职工中所占的比重以及产值在财政经济中的比重的界定标准不同。

关于资源型城市的概念，在《全国资源型城市可持续发展规划（2013—2020）》报告中首次作出了界定，该报告中指出："资源型城市是以本地区矿产、森林等自然资源开采、加工为主导产业的城市（包括地级市、地区等地级行政区和县级市、县等县级行政区）。"并以此概念界定了全国262个资源型城市，如表2.1所示，分布在28个省级行政区，并将资源型城市分为四种类型，具体为：成长型城市、成熟型城市、衰退型城市、再生型城市。

表2.1　　　　　　　　　资源型城市综合分类（2013年）

城市类型	城市等级	城市
成长型城市（31个）	地级行政区（20个）	朔州市、呼伦贝尔市、鄂尔多斯市、松原市、贺州市、南充市、六盘水市、毕节市、黔南布依族苗族自治州、黔西南布依族苗族自治州、昭通市、楚雄彝族自治州、延安市、咸阳市、榆林市、武威市、庆阳市、陇南市、海西蒙古族藏族自治州、阿勒泰地区
	县级市（7个）	霍林郭勒市、锡林浩特市、永城市、禹州市、灵武市、哈密市、阜康市
	（县4个）	颍上县、东山县、昌乐县、鄯善县

城市类型	城市等级	城市
成熟型城市 （141 个）	地级行政区 （66 个）	张家口市、承德市、邢台市、邯郸市、大同市、阳泉市、长治市、晋城市、忻州市、晋中市、临汾市、运城市、吕梁市、赤峰市、本溪市、吉林市、延边朝鲜族自治州、黑河市、大庆市、鸡西市、牡丹江市、湖州市、宿州市、亳州市、淮南市、滁州市、池州市、宣城市、南平市、三明市、龙岩市、赣州市、宜春市、东营市、济宁市、泰安市、莱芜市、三门峡市、鹤壁市、平顶山市、鄂州市、衡阳市、郴州市、邵阳市、娄底市、云浮市、百色市、河池市、广元市、广安市、自贡市、攀枝花市、达州市、雅安市、凉山彝族自治州、安顺市、曲靖市、保山市、普洱市、临沧市、渭南市、宝鸡市、金昌市、平凉市、克拉玛依市、巴音郭楞蒙古自治州
	县级市 （29 个）	鹿泉市、任丘市、古交市、调兵山市、凤城市、尚志市、巢湖市、龙海市、瑞昌市、贵溪市、德兴市、招远市、平度市、登封市、新密市、巩义市、荥阳市、应城市、宜都市、浏阳市、临湘市、高要市、岑溪市、东方市、绵竹市、清镇市、安宁市、开远市、和田市
	县（自治县、林区）（46 个）	青龙满族自治县、易县、涞源县、曲阳县、宽甸满族自治县、义县、武义县、青田县、平潭县、星子县、万年县、保康县、神农架林区、宁乡县、桃江县、花垣县、连平县、隆安县、龙胜各族自治县、藤县、象州县、琼中黎族苗族自治县、陵水黎族自治县、乐东黎族自治县、铜梁县、荣昌县、垫江县、城口县、奉节县、秀山土家族苗族自治县、兴文县、开阳县、修文县、遵义县、松桃苗族自治县、晋宁县、新平彝族傣族自治县、兰坪白族普米族自治县、马关县、曲松县、略阳县、洛南县、玛曲县、大通回族土族自治县、中宁县、拜城县
衰退型城市 （67 个）	地级行政区 （24 个）	乌海市、阜新市、抚顺市、辽源市、白山市、伊春市、鹤岗市、双鸭山市、七台河市、大兴安岭地区、淮北市、铜陵市、景德镇市、新余市、萍乡市、枣庄市、焦作市、濮阳市、黄石市、韶关市、泸州市、铜川市、白银市、石嘴山市
	县级市 （22 个）	霍州市、阿尔山市、北票市、九台市、舒兰市、敦化市、五大连池市、新泰市、灵宝市、钟祥市、大冶市、松滋市、潜江市、常宁市、耒阳市、资兴市、冷水江市、涟源市、合山市、华蓥市、个旧市、玉门市
	县（自治县） （5 个）	汪清县、大余县、昌江黎族自治县、易门县、潼关县
	市辖区（开发区、管理区）（16 个）	井陉矿区、下花园区、鹰手营子矿区、石拐区、弓长岭区、南票区、杨家杖子开发区、二道江区、贾汪区、淄川区、平桂管理区、南川区、万盛经济开发区、万山区、东川区、红古区

城市类型	城市等级	城市
再生型城市 （23 个）	地级行政区 （16 个）	唐山市、包头市、鞍山市、盘锦市、葫芦岛市、通化市、徐州市、宿迁市、马鞍山市、淄博市、临沂市、洛阳市、南阳市、阿坝藏族羌族自治州、丽江市、张掖市
	县级市（4 个）	孝义市、大石桥市、龙口市、莱州市
	县（3 个）	安阳县、云阳县、香格里拉县

资料来源：数据来自《全国资源型城市可持续发展规划（2013～2020 年）》。

2.1.1.2　资源枯竭型城市

资源枯竭型城市是指资源型城市的累计产出储量已经达到可采储量的 70% 以上，其矿产资源开发进入衰退或枯竭阶段。资源枯竭型城市实际上是处于资源型城市发展的衰退期阶段，具体是指资源型城市某主体资源濒临枯竭。造成资源枯竭的原因有很多种：首先，资源枯竭是资源产业或者资源型城市发展所要经历的必然过程；其次，某一资源因区位条件、技术设备或者经济条件原因而无法进行大规模开采，导致资源型城市丧失支柱型产业，依靠资源兴起的城市也随着资源枯竭逐渐衰退。因此，有专家称此类城市为"资源衰退型城市"。对于资源枯竭型城市的概念不同学者的表述虽然有所不同，但都有着最突出的特点：明显的生命周，对资源高度依赖，并且环境污染较严重，治理起来也较为困难。资源枯竭型城市具有四大特性：一是随着资源的开采，资源开始枯竭，开采的成本增加，产业效益下降；二是资源枯竭型城市长期以来是依靠资源来发展经济，产业结构单一，随着产业效益的下降，在此时替代产业还没有形成；三是经济总量不足，地方财力比较薄弱；四是大部分职工现有的收入普遍低于全国平均水平。

综上所述，资源枯竭型城市可解释为处于资源型城市生命周期中的衰退期，自然资源开发进入后期、晚期或者末期，其资源累计开采量已达到资源可采储量的 70% 以上，并因资源枯竭而出现了如"经济发展滞后""民生问题突出""生态环境压力巨大"等系列难题。国家分别在 2008 年、2009 年、2011 年分三批确定了 69 个资源枯竭型城市，如表 2.2 所示。

表 2.2　　　　　　　　　　　全国资源枯竭型城市名单

所在省（区、市）	首批 12 座	第二批 32 座	第三批 25 座	大小兴安岭林区参照享受资源枯竭城市政策 9 座
河北		下花园区	井陉矿区	
		鹰手营子矿区		
山西		孝义市	霍州市	
内蒙古		阿尔山市	乌海市、石拐区	牙克石市、额尔古纳市、根河市、鄂伦春旗、扎兰屯市
辽宁	阜新市、盘锦市	抚顺市、北票市、弓长岭区、杨家杖子、南票区		
吉林	辽源市、白山市	舒兰市、九台市、敦化市	二道江区、汪清县	
黑龙江	伊春市、大兴安岭地区	七台河市、五大连池市	鹤岗市、双鸭山市	逊克县、爱辉区、嘉荫县、铁力市
江苏			贾汪区	
安徽		淮北市、铜陵市		
江西	萍乡市	景德镇市	新余市、大余县	
山东		枣庄市	新泰市、淄川区	
河南	焦作市	灵宝市	濮阳市	
湖北	大冶市	黄石市、潜江市、钟祥市	松滋市	
湖南		资兴市、冷水江市、耒阳市	涟源市、常宁市	
广东			韶关市	
广西		合山市	平桂管理区	
海南			昌江县	
重庆		万盛区	南川区	
四川		华蓥市	泸州市	
贵州		万山区		

所在省 （区、市）	首批 12 座	第二批 32 座	第三批 25 座	大小兴安岭林区参照 享受资源枯竭城市政 策 9 座
云南	个旧市	东川区	易门县	
陕西		铜川市	潼关县	
甘肃	白银市	玉门市	红古区	
宁夏	石嘴山市			

2.1.2 生态经济、生态转型与生态城市

2.1.2.1 生态经济

生态指的是一定自然环境下的生存及发展状态。生命处在生态中需要进行的物质及能量循环，在生态中的每一种生物都具有其相应的价值和功能。生态环境则是人类维持生存的物质基础，经济是人类生存的手段，在人类活动中只有正确处理生态环境与经济之间的关系才能从中获得最大化的经济及生态效益。经过人类的不断尝试先后出现了单一为了保护生态环境而不发展经济的原始发展生态经济的模式；以生态环境为代价来换取经济的发展的传统发展生态经济的模式；通过限制资源的消费及放慢经济的增长来实现社会与经济的持续稳定增长的发展生态经济模式。通过实践来看，以上三种发展生态经济的模式都不能很好地处理生态与经济的关系，都不可取。

生态经济最早是由美国经济学家肯尼斯·鲍尔丁（Kenneth Ewart Boulding）提出来的。他认为，生态和经济系统之间存在着矛盾，生态系统中的资源有限性和人类发展经济增长的无限性之间的矛盾是人类社会的共同矛盾。人类社会要想实现可持续、又快又好的发展，就必须保持生态与经济的协调发展。

生态经济指的是在一定区域范围内，基于尊重生态发展原理及经济内在发展规律，以经济和环境的协调发展为指导思想，以生态环境的建设和社会经济的发展为核心，正确处理人类活动、社会经济及生态环境之间的

关系，实现经济、社会、环境、资源的协调发展。这种发展模式既不单一地保护环境放弃发展经济，也不以牺牲环境为代价发展经济；既遵循生态发展原理，又按经济规律发展经济；既满足当代人对经济和环境的要求，又不损害其后代人对其自身发展需要的满足的可持续发展。其本质就是把经济及社会的发展建立在其所在生态环境的可承受范围之内，保证在尊重生态原理和经济内在规律的前提下进行，满足经济发展需要，形成结构优化、资源合理利用、环境承载能力提高、经济实力增强的健康、高效、持续的生态经济发展系统。

生态经济的主要特征包括以下几方面：（1）系统性特征。一个系统由很多要素组成，生态经济系统也不例外。在生态经济系统的诸多要素中，生物排在第一位，通俗来讲，没有生物就没有生态系统，生态系统是以生物为中心的系统，同时生物和环境也存在着相互影响及相互制约的关系，他们之间通过一系列物质流、信息流及某些信息流来实现生物和环境的交换，从而形成了开放的系统。正是由于这种开放系统才使得整个自然界处于一种良性的生态状态，而同时经济得以发展的很大部分来源于对自然界正常状态的依赖，否则经济发展将会遇到很多难以解决的"瓶颈"。另外，生态经济大系统包括人、科学技术及自然资源等，这就要求人类活动包括生产和消费时必须将其自己作为一部分来遵循并研究生态经济的客观规律及经济原则，决不能置身于大系统之外，只有这样方能凸显出生态经济其系统性特征。（2）协调性特征。协调普遍存在于自然及人类社会，是一种不能被其他要素替代的普遍规律，只有通过协调才能发挥出"1+1>2"的整体效应，把整体效果表现得更明显。在发挥协调作用时，既要懂得正反馈效应，还要明白负反馈效应；既要懂得加，也要学会减。只有这样才能达到系统中良性生态要求的有加有减的稳定的要求。（3）生态型特征。生态指的是在一定自然环境下的生存及发展状态。生态依靠其自身力量存在于自然界之中，外力的影响很有限，但是不排除外力的影响作用。在一定条件下，人们可以对生态进行干预，由此形成了"良性生态"及"恶性生态"的相关概念。生态经济要求人类在活动中必须以生态学的规律来指导其经济活动，如果人类进行的经济活动超过资源环境的承载力的生态则是恶性生态，这样生态系统就会不断退化，从而影响经济的发展。只有人类活动合理地控制在资源环境的承载范围内，才能形成良性生态，生态系统才得以平衡稳定的发展。

除此之外,生态经济还有其他新的价值。生态经济已不再像工业经济时期将自然看作简单的原料来源地和垃圾处理厂了,在考虑经济时,不仅将自然视为资源来源地,更是将其看作人类生存的基础,是需要良性生态才能长久的生态系统;在考虑技术方面时,不仅当作一种开发工具,更是把修复能力充分考虑在生态系统的活动中,使其发展为对环境有利的技术;在考虑人类自身活动时,不仅考虑人类征服自然的能力,更要注重人与自然之间和谐相处的能力,从而更好地促进人的全面发展。

2.1.2.2 生态转型

目前,随着资源型城市自然资源的枯竭,在城市经济衰退的同时,各种社会问题、生态问题等也逐渐显现,各种问题交互制约,使城市发展更加困难。因此,资源枯竭型城市必须转型,关键要向生态化方向转型。资源枯竭型城市实施生态转型战略,开发当地旅游业,"矿山变成青山、浊水变绿水、矿区变景区",发展其他接续替代产业,实现资源枯竭型城市经济的可持续发展。资源枯竭型城市生态转型的目的是转变产业结构,形成新的增长极,提升民众福祉,保护生态环境,从而实现经济效益、社会效益和生态效益的三位一体。生态转型的模式是一项系统工程,并且各组成要素按照生态学和经济学原理,用技术手段实现生态系统功能,最终达到可持续发展的目标。联合国教科文组织对生态城市的界定为:生态城市是按照生态学原理建立起来生态良性循环的人类聚居地,并且该聚居地中的物质、能量、信息能够高效利用,社会、经济、自然能够协调发展。

综上所述,虽然对于生态转型的概念目前还没有统一的界定,但是对于生态转型不应该停留在表面的"绿色"上,其最核心的认识是,通过产业或城市转型实现经济、社会、自然的整体生态协调发展,这种"和谐",不但只在空间上具有整体共生性,还体现在时间上的可持续性。

2.1.2.3 生态城市

生态城市其实是城市发展过程中的一个新阶段,已经成为城市化高度发展的必然趋势。过去,我国资源型城市的建设很大程度上是建立在消耗不可再生资源和污染生态环境上,很多城市在追求快速经济发展之时,往往忽略了生态环境保护和社会安全。近年来，各种生态问题初露端倪，雾霾、PM2.5、酸雨等环境污染问题严重，更多的人呼吁"清新的空气""健康安全的生活环境"，我国的"十二五"规划中就指出，要把建设生态城市作为未来城市建设和发展的重要目标。党的十八大也提出"五位一体"的总布局，要加快生态文明建设。党的十九大指出：我国社会主要矛盾已经转化为人民日益增长的美好生活需要和不平衡不充分的发展之间的矛盾。可见，建设生态城市的理念已经渗透到全世界城市的建设和发展中来，是人类发展的价值取向生态观转变的必然结果。

1971 年，联合国教科文组织最早从生态学的角度提出了"生态城市"的概念。定义生态城市是从自然生态和社会心理视角，使技术与自然得以充分融合、人的创造力和生产力得以充分开发、并能够提供高水平的物质和生活方式的最优人类活动环境。至此，作为这一研究计划的参与者，我国也开启了有关生态城市的理论研究和实践探索，经历了漫长的城市生态环境整治阶段。至 2008 年，全国生态城市建设全面展开。在这个过程中，逐步形成了"以可持续发展为基本特征和目标，以人与自然、社会、环境和谐共生为宗旨，以生态学的理论和方法研究城市发展问题"的生态城市的理论体系。

生态城市理论的不断发展，形成了内涵丰富的生态城市理论，涵盖"经济、政治、文化、社会"等各个领域，并且各个理论互相融合渗透。即以人为本，协调发展经济、社会与自然；以技术创新为突破点，高效利用物质、能源、信息；以生态学原理的设计理念建设高效、和谐、健康、可持续发展的人类聚居环境，从而建设成生态系统健康、生态功能完善、生态秩序和谐的生态城市。

2.1.3 高新技术产业

高新技术已经成为一个频繁使用的概念，然而对于高新技术产业的界定，世界各国还没有统一的定义。不同的国家、不同的时期、不同的背景、不同的角度对高新技术产业都有着不同的定义。20 世纪 80 年代，经济合作发展组织（OECD）按制造业以及 R&D 经费支出占总产值比重高于 4% 来划分高新技术产业；90 年代，以 R&D 经费支出占总产值比重高于 8% 来划分高新技术产业；1991 年，又以 R&D 经费占销售额的比重来区分产业，比重高于 7.1% 为高技术产业，高于 2.7% 为中技术产业，低于 2.7% 为低技术产业。

高新技术产业是指依托高新技术发展起来的产业，核心是科技创新，主要是通过研究开发高新技术或不断向传统产业渗透、生产高新技术产品，成功进入市场，逐步形成一定的生产规模，是知识密集与技术密集、高效率与高效益的现代新兴产业群。我国的《高新技术辞典》认为，高新技术是"以最新科学成就为基础，为社会生产力发展起主导作用的知识密集型技术，或者说是基于科学的发现和创新而产生的技术"。1986 年，国务院发布的《国家高技术研究发展计划纲要》将 8 个领域划分为高新技术，分别是：生物技术、信息技术、航空航天技术、激光技术、能源技术、自动化技术、材料技术和海洋技术。1991 年，国家科学技术委员会认为，高新技术产业是包括科学、技术、工程的一整套的新兴技术群，并将 R&D 经费占总收入比重高于 3%，技术性收入和高科技产品产值的比重高于 50%，R&D 科技人员比重高于 10% 的产业称为高新技术产业。2016 年 1 月 29 日，科技部、财政部、国家税务总局发布的《高新技术企业认定管理办法》将高新技术产业的范围调整为电子信息、生物与新医药、航空航天、新材料、高技术服务、新能源与节能、资源与环境、先进制造与自动化 8 个领域。

2.2　相关理论基础

2.2.1　资源诅咒假说

资源诅咒（resource curse）是一种经济学理论，是在 1993 年由英国经济学家奥蒂（Auty）提出的，他认为，丰富的自然资源不是对经济发展的祝福而是诅咒，对于资源的过分依赖，反而会拖累经济的发展。并把根源归结为贸易条件恶化、"荷兰病"或者人力资源投资不足等问题。随着经济发展、科技进步等因素，全球的经济发展模式发生了变化，对于依赖丰富自然资源而快速发展起来的国家或者地区，除了面临着相同的背景、机遇"冲击"，同时还要经受着自身资源枯竭所带来的一系列经济、社会、生态等问题的"生死"考验,雪上加霜。而对于资源匮乏的国家或者地区反而在这种科技革命的"机遇"下进行着资本的快速积累和经济的高速发展,因此,经济学家们称这一现象是对于资源型城市的"资源诅咒"。

国内关于"资源诅咒"也有大量的研究,研究集中在"资源诅咒"效应是否真实存在、"资源诅咒"现象产生的原因、"资源诅咒"的传导机制、"资源诅咒"的规避措施、提出针对性建议等方面。而大多对"资源诅咒"传导机制的研究主要集中在以下三点:一是资源条件恶化论,即资源条件处于不断地变动并且往恶化的方向变动;二是"荷兰病"(dutch disease),指某一国家尤其是中小国家经济的某初级产品的一个部门异常繁荣而导致其他部门衰落的现象,也可理解为一个地区自然资源的丰富反而会拖累当地的经济发展;三是资源的"挤出效应",是指资源丰富的地区的资源型产业相关要素的投入对于其他的要素投入产生了"挤出"效应,如基础设施、教育、人才、技术等同样是有利于经济发展的关键要素。

不同学者对"资源诅咒"持不同态度。赵奉军(2006)认为,整体而言中国不存在"资源诅咒"问题,但不排除某些自然资源丰富的地区可能存在类似"资源诅咒"的现象。王中亚(2011)认为,"资源诅咒"是较容易在自然资源丰裕的地区发生,通常拥有丰富自然资源的地区更偏向于优先考虑发展优势资源型产业,由此而带来的地区经济发展往往使其忽略非资源型产业的培育和发展,对资源型产业形成长期依赖从而引发"资源诅咒"。徐凯(2011)通过运用规模经济指标,实证分析验证了我国资源型城市存在"资源诅咒"的现象,并认为其本质就是资源型城市规模不经济。张玥(2015)认为,"资源诅咒"是可以规避的,可以通过深入研究诱发"资源诅咒"产生的因素,对一些衰退现象不明显的资源型城市起到未雨绸缪的指导作用。

总之,"资源诅咒"是指矿产资源丰裕,资源型产业占主导地位的国家或地区,虽可以获得短期收益,但长期以来对资源过度依赖,会对其他的行业或者资源型产业产生"排挤效应",一旦资源逐渐枯竭,反而要比那些资源贫乏的国家或地区的经济增长速度慢很多,甚至出现停滞、"矿竭城衰"的经济学现象。因此,"资源诅咒"理论的深入对于我国资源枯竭型城市的生态转型,建设资源节约型、环境友好型城市有很好的借鉴之处和理论指导意义。

2.2.2　生命周期理论

生命周期（life cycle）的概念涉及政治、经济、社会、环境、技术等诸多领域。狭义上的生命周期也是其本义属于生命科学术语，是指生物从出生，经历成长、成熟、衰老，最后到死亡的全过程。经延伸和发展后的生命周期泛指整个自然界和人类社会中客观事物的阶段性变化及其规律。城市是社会、经济、文明发展到一定阶段的产物，同时与其他事物的发展过程一样，资源开发利用也经过"勘探开采、高产、稳产、衰退乃至枯竭"的生命周期过程，只不过生命周期曲线的形态不同，而依赖于资源开发利用发展的资源型城市同样适用于生命周期理论，并具有明显的生命周期，且与资源开发的生命周期具有一致性，历经勘探开发、建设、繁荣、停滞直到衰落。如图 2.1 所示。

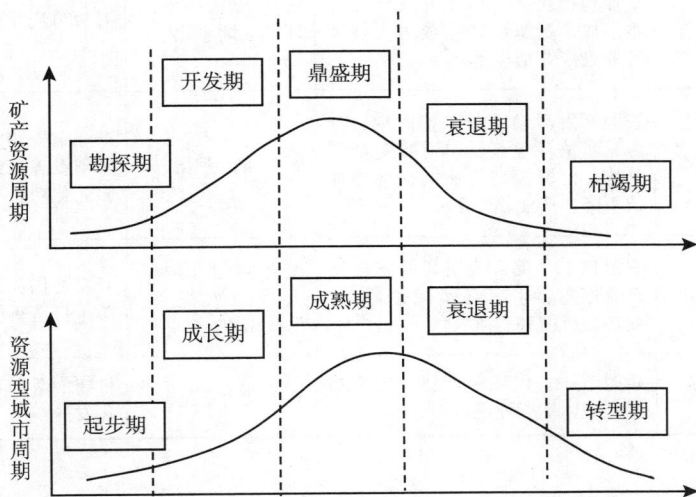

图 2.1　资源型城市与矿产资源开发生命周期图

沈镭（2005）在论述资源型城市的发展过程中指出，资源型城市发展遵循"城镇化发展较慢的初级阶段、中期加速阶段、高度城镇后趋于缓慢甚至停滞的后期阶段"这样的 S 形曲线。而且因对单一资源的依赖性，也使得资源型城市职能较单一、发展速度较快、发展历程较短，并且可能起伏性较大。

资源型城市的兴衰除与城市形成并得以发展的历史背景以及所依赖的资源具有自然的耗竭性有关，还与市场资源型产品的周期性和产品的价格有关。综合各种因素，资源型城市的衰退有其必然性，要发展，转型是关键。如何使资源型城市在将"矿竭城衰"之际也成为国内外政府的关注和学者研究的热点，生命周期理论能够很好地指导资源型城市的转型问题。表 2.3 为不同生命周期的资源型城市的特征及转型思路。

表 2.3   不同生命周期的资源型城市的特征及转型思路

生命周期	基本特征	存在问题	转型思路
起步期新建城市	以资源为基础形成城镇，人口集聚，资源开发处于勘探开发初期，资源密集型产业逐步形成	人员效率低，投入产出严重失衡	深加工、做品牌、延伸产业链
成长期新兴城市	城市化进程加快，人口剧增，工矿业规模扩大，资源开发活动基本形成，资源型产业成为支柱型产业且产业结构单一	污染严重，生态环境逐渐恶化	开源节流并重
成熟期中期城市	资源开发活动处于鼎盛时期，资源总量消耗速度快，财政资金累计快，但资源型产业的支柱性地位下降，产业趋于多元化	开采条件恶化	产业结构调整，加强城市基础设施建设，完善城市多元化功能
衰退期后期城市	资源趋于枯竭，无明显的支柱型产业停滞，生态环境问题严重，或转型或彻底衰落	城市经济脆弱，大量工人失业，财政困难	开发替代资源或非矿产资源，打造新优势
转型期新生综合性城市	新型产业替代传统产业，城市功能完善，生态环境改善	转型动力不足	科技创新引领，产业多元化发展

2.2.3 生态足迹理论

生态足迹（ecological footprint，EF），最早是由加拿大生态学家瑞斯·威廉姆（Rees William）在 20 世纪 90 年代初提出生态足迹或称为生态空间占用。后来经过不断发展，出现生态足迹分析法，主要计量内容包括人类拥有的自然资源、耗用的自然资源以及资源的分布情况。该方法主要通过在现有的技术条件下，在指定的人口单位内来计算维持人类的自然资源消费量和人类所产生的废弃物所需要的生态生产与生物性空间面积的大小，并与给定的人口区域的生态承载力相比较，来衡量地区的可持续发展状况。该方法于 1996 年得到不断完善，并运用生态足迹理论对 1997 年世界上的 52 个国家和地区的生态足迹进行了计算分析，随后得到了广泛应用。生态足迹主要从两个方面进行评估一个地区的可持续发展程度：一方面，通过测定人类维持自身生存和发展所需要索取自然的量来评估人类活动对整个生态系统所带来的影响；另一方面，从自然的供给方面来计算其相应的生态承载力。通过以上两方面的对比，可以评价一个国家或地区当前的可持续发展进展情况。

　　生态足迹构成要素包括以下几点：（1）生态足迹。生态足迹也称为生态占用，是指人类的生产活动所消耗的资源及废弃物排放所需要的生物生产性的土地面积。（2）生物生产性土地。生物生产性土地是指具有相应的生态生产能力的土地或者水体。根据其生产力的大小差异，地球上的生物生产性土地类型主要分为以下 6 类：一是耕地，耕地在六大类土地类型中的生产力最高，提供了人类所需的大部分的食品及生物量，生态生产力通过单位面积产量来表示；二是林地，林地分为天然林及人工林，在生态生产力中主要是指提供的林产品及木材的量，生态生产力用单位面积的木材或林产品的产量来表示；三是草地，草地主要提供放牧和水土保持功能，生态生产力通过单位面积所生产的牛羊数量及相应的奶制品产量来表示；四是建筑用地，建筑用地是指为人类提供各种设施而占用的土地，建筑用地一般占用较肥沃的可耕地，因此，建筑用地的不断扩张会造成生物生产量的大幅度下降；五是化石能源用地，化石能源用地是指人类活动应该留出用来吸收 CO_2 的土地面积，出于研究的谨慎性，在生态研究中考虑了用来吸收 CO_2 的土地面积，但实际上并没有专门留出，因此，可认为其生态承载力为零；六是水域，水域是指从事渔业生产及捕捞的水域面积，主要为人类提供鱼、虾、蟹等水产品，生态生产力通过单位面积的水产品产量来表示。（3）生态承载力。生态承载力又可称为生态容量或称生态供给，是指在生态系统的最大承受范围内能持续提供最大的资源及废弃物的量。生态承载力表示一个地区的最大生态效益，如果人类活动超出了这个最大生态容量，该地区则处于不可持续发展状态。在生态足迹理论中，生态承载力是指一个区域所提供人们所需的生态生产性的土地面积总量。（4）均衡因子和产量因子。均衡因子：在生态足迹的计算模型中分为6类生态生产性土地面积，由于单位面积上每种土地的生产力各不相同，在对6类生态生产性的土地进行比较分析时需要引入一个基准进行统一转换，因此，在这里引入一个概念即均衡因子，它是指在给定的年份中某种生态生产性土地的平均生产力与全球平均生态生产力的比值。产量因子：由于不同国家和地区的生态生产能力各不相同，因此，不能直接比较。为了方便对不同国家和地区的生态生产能力进行比较，需要引入一个共同的基准进行转换，因此，在这里引入一个概念即产量因子，它是指不同国家和地区的某种生态生产力的局部生产力与全球同类型的生态平均生产力的比值。在生态足迹中，全球各类生态生产力产量因子均为1。不同国家和地区的产量因子各不相同，需要根据具体地域进行计算。（5）生态赤字/盈余。生态赤字/盈余表示某一地区的生态承载力（生态供给）与生态足迹（生态需求）之间的差值。当生态承载力小于生态足迹即差值为负数时，表明生态供给满足不了生态需求，即会出现生态赤字（ecological deficit，ED），生态赤字意味着在所研究区域内，人类活动对资源和环境的需求量超过了其最大的生态容量，说明该区域处于不可持续发展状态；当生态承载力等于生态足迹即差值为零时，表明生态供给刚好满足生态需求，这说明人类活动对资源和环境的需求刚好在生态的最大容量边缘，处于相对的不可持续发展状态边缘；当生态承载力大于生态足迹即差值为正数时，表明生态供给能够很好地满足生态需求，即会出现生态盈余（ecological surplus，EF），生态盈余意味着在所研究区域内，人类活动对资源和环境的需求量在生态容量的范围内，说明该区域的发展处于相对可持续发展状态。（6）万元GDP生态足迹。单一计算生态足迹和生态承载力无法完全反映所计算区域的生态生产面积的发展潜力，在这里引入了万元GDP生态足迹的概念，它的计算方法是研究区域的生态足迹总和与当年GDP的比值，这个指标可以反映生态生产面积的资源的利用效率高低，通过计算该指标可以看出研究区域对资源的利用程度和效益。万元GDP的生态足迹需求越大，表明资源的利用效率就越低，效益越小；相反，则资源的利用效率则越高，效益越大。（7）生态足迹压力指数。通过前面的介绍，生态赤字与否可以反映出研究区域的可持续发展性。整体上没有赤字的区域要好于生态赤字的区域，但是，一个生态赤字较高区域的发展情况并不一定好于生态赤字较低区域。这就说明了生态赤字不能衡量横向发展情况。所以在此引入了生态足迹压力指数的概念。生态压力指数（ecological footprint intensity index，EFI），它用生态足迹和生态承载力的比来表示。从比值可以看出，生态压力指数越大，说明该研究区域的生态压力就越大，土地的可持续利用程度就较低；反之，生态压力指数越小，则说明研究区域土地的可持续利用程度就较高。

第 3 章

资源枯竭型城市生态转型机制分析

3.1 资源枯竭型城市资源类型及分布

截至 2017 年，全国共界定了 69 个资源枯竭型城市，其中在 2008 年、2009 年、2011 年分别确定了 12 个、32 个、25 个资源枯竭型城市，占总资源型城市的 26.34%。资源枯竭型城市遍布全国 23 个省（区、市），按照我国经济区域的划分法，其中资源枯竭型城市东部包括河北、江苏、山东、广东、海南，东北包括辽宁、吉林、黑龙江，中部包括山西、河南、安徽、湖南、湖北、江西，西部包括重庆市、四川、贵州、云南、陕西、甘肃、广西、宁夏、内蒙古。在 69 个资源枯竭型城市中包括重庆市的万盛区和南川区共有 27 个地级市，其他区县级、矿区 42 个，具体如表 3.1 所示。

表 3.1　　　　　　资源枯竭型城市地区分布及资源的主要类型

经济区域	省份	城市数量		资源枯竭型城市名单及主要矿产资源
		资源型	枯竭型	
东部	河北	14	3	张家口市下花园区（煤）、承德市鹰手营子矿区（煤）、石家庄市井陉矿区（煤）
	江苏	3	1	徐州市贾汪区（煤）
	山东	14	3	枣庄市（煤）、新泰市（煤）、淄博市淄川区（煤）
	广东	4	1	韶关市（煤、铁）
	海南	5	1	昌江县（铁）

经济区域	省份	城市数量		资源枯竭型城市名单及主要矿产资源
		资源型	枯竭型	
东北	辽宁	15	7	阜新市（煤）、抚顺市（煤）、盘锦市（石油）、北票市（煤）、辽阳市张岭区（铁）、葫芦岛市杨家杖子区（钼）、葫芦岛市南票区（煤）
	吉林	11	7	辽源市（煤）、白山市（煤）、舒兰市（森工）、通化市二道江区（煤）、九台市（煤）、汪清县（森工）、敦化市（森工）
	黑龙江	11	6	伊春市（森工）、七台河市（煤）、鹤岗市（煤）双鸭山市（煤）、大兴安岭地区（森工）、五大连池（森工）
中部	山西	13	2	孝义市（煤）、霍州市（煤）
	河南	15	3	焦作（煤）、濮阳（石油）、灵宝（金）
	安徽	11	2	淮北（煤）、铜陵（铜）
	湖南	14	5	冷水江市（锑）、常宁市（铅、锌）资兴市（煤）、耒阳市（煤）、涟源市（煤）
	湖北	10	5	黄石市（铁铜煤和硅灰石）、钟祥市（磷）大冶市（铁）、潜江市（石油）、松滋市（煤）
	江西	11	4	萍乡市（煤）、景德镇市（瓷）新余市（铁）、大余县（钨）
西部	重庆	9	2	万盛区（煤）、南川区（煤）
	四川	13	2	华蓥市（煤）、泸州市（天然气）
	贵州	11	1	铜仁市万山特区（汞）
	云南	17	3	个旧市（锡）、昆明市东川区（铜）、易门县（铜）
	陕西	9	2	铜川市（煤）、潼关县（金）
	甘肃	10	3	白银市（铜、银）、玉门市（石油）、兰州市红古区（煤）
	广西	10	2	合山市（煤）、贺州市平桂管理区（锡）
	内蒙古	9	3	阿尔山市（森工）、乌海市（煤）、包头市石拐区（煤）
	宁夏	3	1	石嘴山市（煤）

资料来源：历年《中国矿产资源报告》。

从表 3.1 中仅简单列举了全国 69 个资源枯竭型城市和资源的类型，可知全国的资源型城市集中在云南（17）、辽宁（15）、河南（15）、河北（14）、山东（14）、湖南（14）等省份。全国资源枯竭型城市的资源类型大多以煤炭资源为主，且主要集中在中部的山西、河南、湖南和东北地区，资源的枯竭也大多以煤资源为主，超过半数以上。

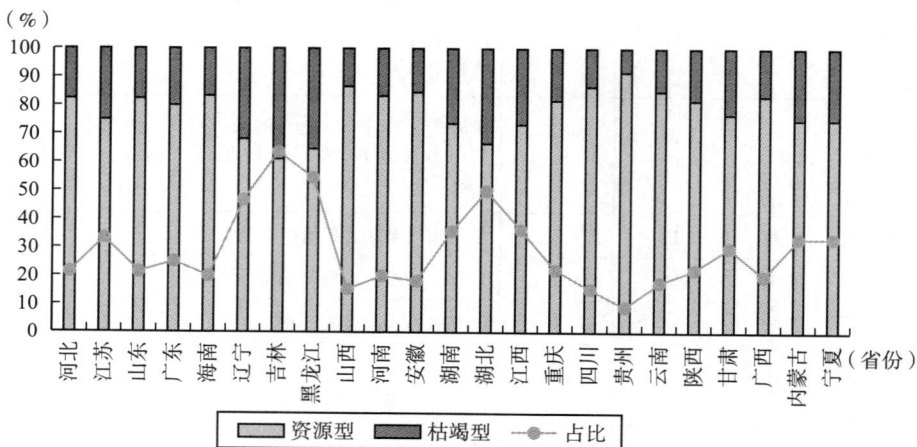

图 3.1　各地区资源枯竭型城市占资源型城市比重

资源型城市分布于全国各个省份，但是至 2013 年，公布的资源枯竭型城市在大多数省份都有涉及，包括东部地区的河北、江苏、山东、广东和海南 5 省，东北地区的辽宁、吉林和黑龙江 3 省，中部地区的山西、河南、安徽、湖南、湖北和江西 6 省，西部地区的重庆、四川、贵州、云南、陕西、甘肃、广西、内蒙古、宁夏。由图 3.1 可知，大多数省份资源枯竭型城市约占本地区资源型城市的 20% ~ 30%，资源型城市趋于枯竭，其中吉林、黑龙江、湖北三个省份也有超过半数及以上的资源型城市枯竭。

3.2　资源枯竭型城市生态转型发展现状

3.2.1　能源生产消费结构完善

　　至 2016 年，我国的能源生产总量达到 34.6 亿吨标准煤，同比下降 4.2%，消费总量达到 43.6 亿吨标准煤，同比增长 1.4%。如图 3.2 所示呈现逐年递增的趋势，2014 年增速达到最大，近几年能源生产与消费量增幅不大，甚至有递减的趋势。能源自给率是评价能源安全的指标，其值越高，说明本国对国外市场的依赖程度越低，能源供应的主动性越强，能源的安全程度也就越高。而我国能源自给率从 2000 年的 90% 以上下降到 79.4%，也说明在我国能源消费中由自身所提供的能源产量所占比例在逐年下降，对国外市场的依赖程度上升。

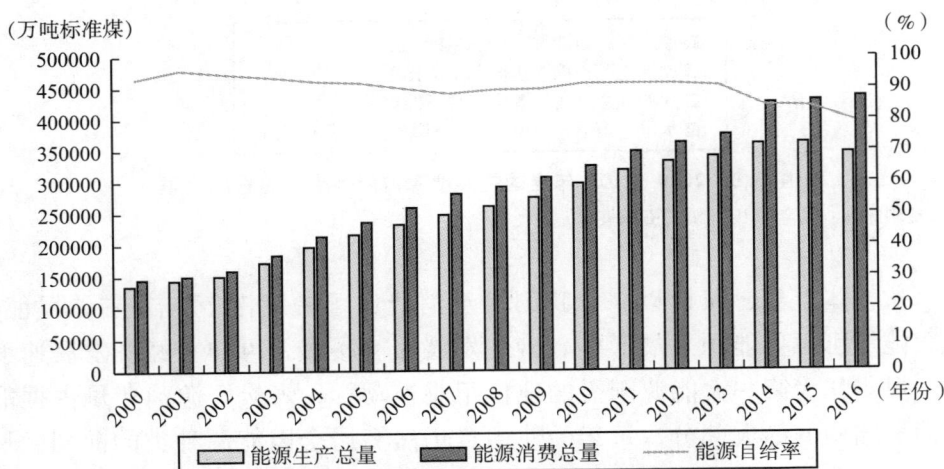

图 3.2　2000～2016 年全国能源生产与消费总量

资料来源：历年《中国矿产资源报告》。

　　我国拥有丰富的化石能源资源，从整体上看，我国能源资源禀赋并不均衡，煤炭资源仍然占据能源生产结构的绝大部分，但是人均能源资源拥有量比较低，而且能源的开发难度逐渐加大，优质能源储量逐渐下降。目前煤炭和水力资源人均拥有量仅相当于世界水平的50%，石油、天然气人均资源拥有量仅相当于世界水平的1/15左右。但随着长期化石能源的燃烧利用，粗放式的发展利用煤炭，环境污染倒逼供给侧结构性改革，重点改革供给端，煤炭去产能等政策的大力推进，近几年煤炭和石油生产比重不断下降，水电、核电、风电、天然气等清洁能源比重不断上升（见图3.3），能源生产结构不断完善。近年来，西部地区太阳能和风能的建设及使用力度逐渐加大，前景广阔。

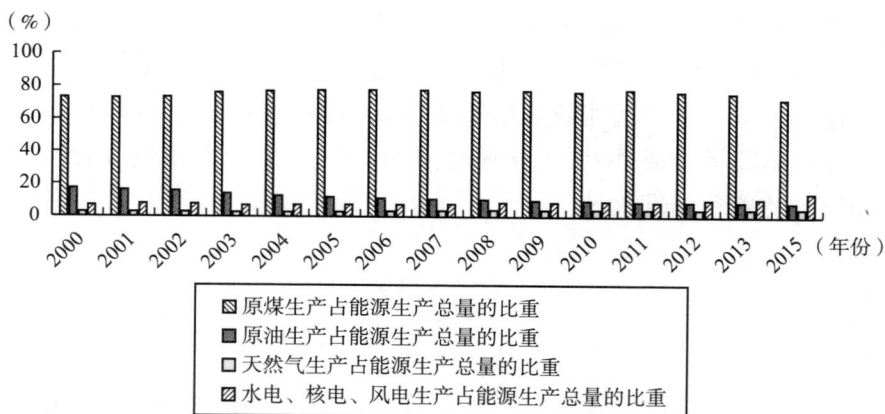

图3.3　2000～2015年全国主要能源占能源生产总量的比重
资料来源：历年《中国矿产资源报告》。

从整体上看，长期以来，我国煤炭消费比重一直占70%左右，风能、太阳能等可再生能源发展起步较晚，发展速度缓慢，再加上经济发展速度快，煤炭作为第一大能源刚需的地位很难被动摇，煤炭资源消费量占据能源消费结构的绝大部分，每年的使用量仍然高居全国能源种类的前列。长期"先污染后治理"、粗放式的发展，环境污染严重，积极寻求生态转型、绿色可持续发展的出路成为重中之重。近几年，随着供给侧结构性改革的逐步深入，严格控制煤炭消费增量，降低煤炭消费比重，积极拓展天然气消费比重，积极发展核电和可再生能源等非化石能源，资源枯竭型城市生态转型效果显现。2016年，煤炭占比持续下降，原煤产量33.6亿吨，下降

3.0%；原油 2.0 亿吨，下降 7.7%；天然气 1368.3 亿立方米，增长 1.7%。水电、核电、风电等清洁能源增速明显，天然气和非化石能源在填补能源消费增量、优化能源供给结构方面发挥了积极的作用，具体如图 3.4 所示。

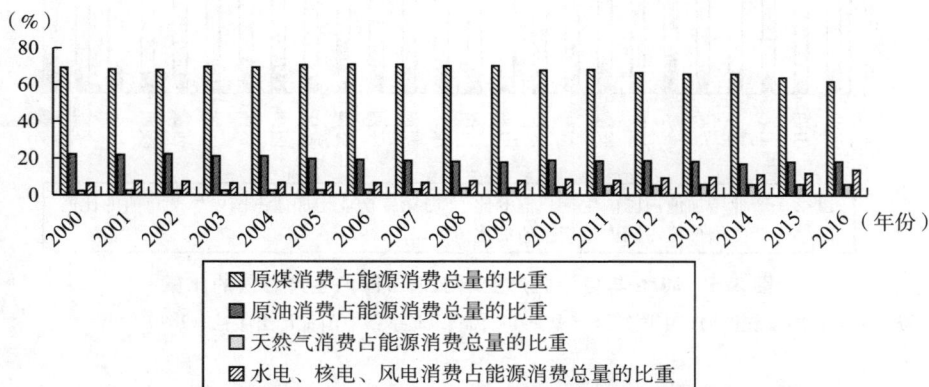

图 3.4　2000～2016 年全国主要能源占能源消费总量的比重
资料来源：历年《中国矿产资源报告》。

3.2.2　产业结构调整效果明显

图 3.5 仅列举了资源枯竭型城市所在省份的第一产业、第二产业、第三产业增加值占国内生产总值的比重。从资源枯竭型城市所在的省份的第一产业、第二产业、第三产业的比值来看，大部分省份的第二产业仍然是经济发展的支柱力量，如河北、安徽、山西、江西等省份，同时资源型产业"一业独大"的局面有所改变，部分接续替代产业初步形成规模，集群化作用开始显现。第三产业也正逐步成为经济发展的支柱，如海南、西藏、黑龙江等。根据 2017 年的数据也可知，随着国家的各项政策以及对第三产业的重视，尤其在供给侧结构性改革中积极推进煤炭企业等去产能。据《中国煤炭工业年鉴（2016、2017）》显示，2017 年，全国煤炭去产能 1.83 亿吨，2016 年超过 2.9 亿吨，去产能成绩斐然，大规模煤矿企业兼并重组，且多集中在煤矿多的资源枯竭矿，煤炭去产能主体也正逐步从民营小煤矿演变为以央企、国企、大企业集团为主。在供给侧结构性改革背景下，资源枯竭型城市也在逐步发展第三产业，产业结构调整效果明显。

（%）

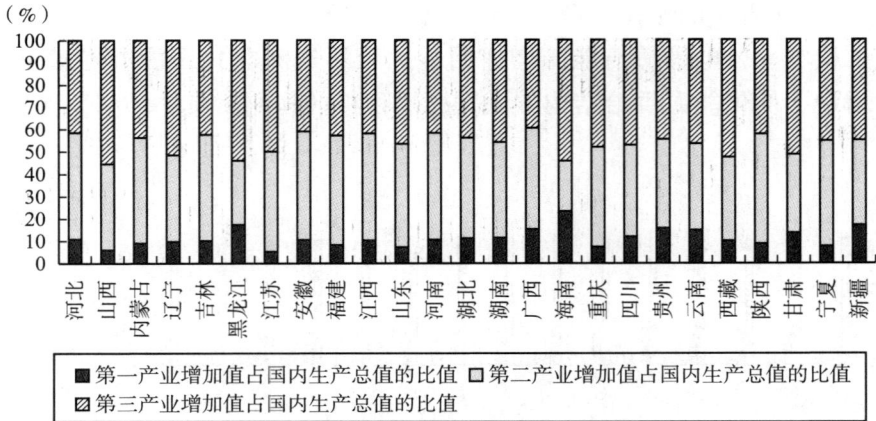

图 3.5　2016 年各地区产业增加值占国内生产总值的比重

资料来源：国家统计局．中国统计年鉴 2017 [M]．北京：中国统计出版社，2017.

图 3.6 仅列举了 2010 年、2012 年、2014 年、2016 年资源枯竭型城市所在省份的第三产业增加值占国内生产总值的比重。从图 3.6 可知，大部分地区第三产业增加值占比逐年增加，呈现东部地区高、中西部地区较低的态势，尤其是 2014～2016 年第三产业比重增加明显，其中增加较为明显的是东北地区三省、中部地区山西省以及西部地区的甘肃省。随着近年来我国的"东北振兴""中部崛起""西部大开发"战略的推进，产业结构也逐渐向第三产业调整且效果明显，其中江苏省、广东省、海南省、辽宁省、黑龙江省、山西省和甘肃省的第三产业增加值比重均达到 50% 及以上。

（%）

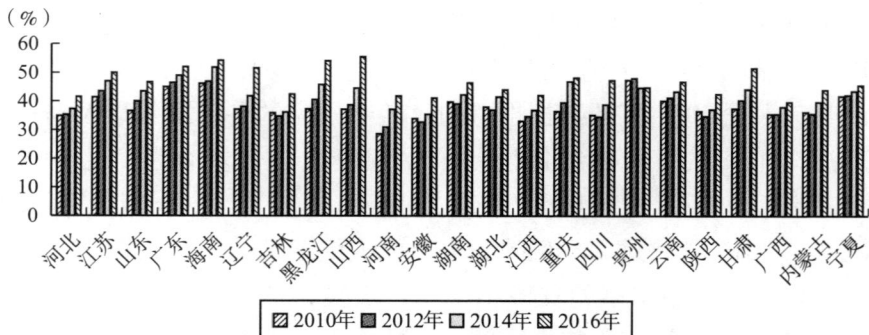

图 3.6　2010～2016 年各地区第三产业增加值占国内生产总值的比重

资料来源：中经网统计数据库。

3.2.3　生态环境保护力度加大

全国以矿产资源开发为主的资源型城市大多以"煤城"居多。而大约 70% 的烟尘、90% 的二氧化硫、60% 的氮氧化物排放是因为粗放式发展利用煤炭造成的，而雾霾问题则主要是由于化石能源燃料的燃烧利用引发的。因此，环境污染问题成为资源枯竭型城市普遍关注的问题。

自 2007 年国家推动转型转移支付资金以来，各资源枯竭型城市依据自身转型发展优势及特点有针对性地作出了一系列的努力，有效利用国家援助资金改造棚户区、整治"小散乱污"企业、关停小工厂。资源枯竭型城市对生态环境的保护思想认识逐渐深刻，主动把加强环境保护作为城市生态转型的重要机遇，同时污染治理力度加大、监管执法尺度严格，环境改善速度快，取得的效果明显。

截至目前，虽然局部环境质量有所改善，但总体上还很严峻，资源枯竭型城市环境保护依然滞后于经济社会发展，多阶段、多领域、多类型问题的长期累加，生态环境保护的复杂性、紧迫性和长期性的特点仍然给资源枯竭型城市环境治理增加了难度。

3.2.4　提质创新发展意识增强

当前国内经济正处于结构调整的关键阶段，国内总需求低迷和产能过剩现象突出，随着国家整体发展战略的推动和稳增长、促改革、调结构等措施的有效实施，各资源枯竭型城市紧抓转型发展机遇，积极推动地区产业升级和转型，更加注重经济工作中的质量和效益，以观念创新引领工作中的创新，以工作中的创新实现创新驱动和创新发展，积极引入互联网思维，探索产融结合、"互联网＋"、智能化工厂等，推进企业资源平台化、开放化，促使经济提质增效。以煤炭为主的资源枯竭型城市，调整优化产业结构、延长产业链、加大节能减排力度，加强与全国各院校合作，引进专利及技术，积极探索新能源、新材料等战略性新兴产业，着力打造非煤支柱产业群，形成新型的以工业经济为主的多元发展的新产业格局。部分技术和产业已达到了国际领先水平。

3.2.5　部分城市转型成效突出

我国正处于新旧动力转换期，政府从多方面支持资源枯竭型城市的生态转型，如中央财力性转移支付、棚户区改造、社会保障和替代产业培育等，由于资源枯竭型城市与全国总体水平存在"第一产业偏高，第二产业强势，第三产业过低"的差异，虽然资源枯竭型城市都在国家扶持下转型，但是各城市枯竭后所面临的困难深浅不一。因此，转型效果也大相径庭。

少部分城市转型效果较好。如湖北黄石通过改造传统资源型企业、引入外部资本，从粗加工到精加工，再到成品，成为转型中延伸上下游及相关产业链的典型，建成全国最大的特钢、钢管和模具钢产业基地及中部地区最大的铜压延加工产业基地。河南焦作以发展自然山水旅游为接替产业，并已发展到了成熟阶段，成为当地支柱型产业。从"黑色印象"到"焦作现象"，焦作成为退出煤矿开采进入第三产业的成功案例。"焦作现象"也成为资源枯竭型城市发挥旅游业辐射带动作用的代名词，极具借鉴意义。安徽淮北则因地制宜，进行矿区塌陷土地复垦治理，变煤城为水城。宁夏石嘴山则通过矸石山改造、沙湖治理，打造"塞上江南"的城市形象。山东枣庄通过改造棚户区重建台儿庄古城，再现"江北水乡"。而甘肃玉门则直接搬迁到其他地方。

3.3　资源枯竭型城市生态转型存在的问题

近年来，我国多数资源枯竭型城市进行了大量的转型探索和实践，取得了一定的效果，推动城市社会经济生态的健康发展。从总体上看，我国的资源枯竭型城市转型以产业转型为首、政府支持为主、存在地区明显差异。首先，资源型城市转型的最初动力来源于资源枯竭、环境恶化导致一系列的社会经济生态矛盾，经济发展速度放缓、停滞、倒退。因此，加快产业调整，推动地区经济重新走上正常的发展轨道，往往成为资源枯竭型城市转型的首要任务。其次，资源型城市的形成和发展多集中在计划经济时期，转型发展也往往依赖政府政策和财政资金支持，这也是国家能源战略的重要组成部分。最后，由于各资源型城市经济社会发展状况不同，对于转型措施的适应程度不同，经济条件相对好、城市功能发育成熟的城市转型效果突出，整体上"东强西弱"。有超过一半的资源枯竭型城市转型效果低于全国水平，转型任务艰巨。

3.3.1 产业结构单一难改观

资源枯竭型城市最根源的问题是对资源的依赖性强但资源面临枯竭，一是矿产资源产量增长过快，地区资源开发强度普遍过快，矿产资源的储量增长赶不上产量的增长，资源开发强度大，导致基础储量下降明显，矿产资源可持续供应能力显著下降。二是主要依赖一次资源供应，而二次资源供应水平低。二次资源开发潜力巨大，资源总体供应能力有待提升。三是矿产资源对外依存度扩大，由于城市发展或者经济转型不能立刻摆脱对资源的依赖，因此，短缺的资源在短期内要依赖于进口。总的来说，资源依赖没有从根本上得到解决，城市发展所需的替代资源基础脆弱。随着资源的枯竭，其资源产业萎缩，未来发展空间有限，主导工业进入平缓化甚至衰退化发展，在替代产业尚未形成或已形成但基础薄弱的情况下，产业结构失衡。同时"资源产业"独大，从城市建立之初就形成了粗放式的产业发展模式，产业层次偏低，粗放式发展钢铁、化工、煤炭等高消耗重污染产业，也导致产能过剩，制造业大而不强，整体上处于价值链的中低端，产品质量不高，竞争力不强，缺乏有竞争力、有影响力的品牌。

目前，大多数资源枯竭型城市处于传统产业过剩的产能消化期，文化旅游、休闲养生、装备制造等新兴接续产业加快发展，第三产业成为新兴产业，发展势头也逐渐高于第二产业，多元化产业结构正初步构成。但是目前的第三产业主要以居民消费型服务业为主，生产型服务业目前发展较弱。因此，在资源型产业仍占经济总量的大部分，第三产业还没有成为支柱产业，产业结构"重型化"未得到根本改变的情况下，转型发展的核心问题是产业转型，而单一的产业结构和模式支撑不了一个城市，转型任务艰巨。

3.3.2 城市基础功能不完备

资源枯竭型城市是经济、社会、环境问题的集发地，与一般城市相比，资源枯竭型城市的基本服务功能缺失，基础设施和公众服务资源不足，在新一轮城市化发展过程中发展潜力大，为资源型城市转型提供了巨大原动力。

由于资源型城市的基础设施、文化积淀、人才技术与资源及资源型产业紧密相连，当资源型城市失去资源优势，这些支撑要素会随着资源的枯竭而逐渐衰退。因此，资源型城市城镇化发展的基础是极其脆弱的。同时在计划经济体制下，资源型城市不同程度地存在"企业办社会"现象，许多城市的基础设施和社会职能是企业投资建设的。随着国有企业改革的深入，为解决"企业办社会"遗留的社会问题，地方政府垫付大量物质财力甚至背负沉重债务，成为城市转型的累赘。城市转型初期，其实质是在偿还"历史欠账"。

伴随资源枯竭型城市产业结构单一，就业结构也呈现单一性。因此，资源型产业衰退，导致大批职工下岗，加上资源枯竭型城市国有企业占比大，民营经济不发达，吸纳就业的能力就更加不足，再就业水平普遍偏低，如果社会保障不到位，居民生活就会很困难，社会不稳定因素增多。这些城市的贫困人口明显高于一般城市，民生问题在资源枯竭型城市表现得更为突出。

3.3.3 环境污染短期难化解

目前对于资源枯竭型城市而言，环境问题进入了集中爆发期。"先污染后治理"的结果就是直到现在还在偿还"历史旧账"，由于长期依赖工业化发展推进地区经济发展，煤炭产业比重大，清洁能源比重低，加上发展方式粗放，在加工转化过程中产生严重的环境污染和生态破坏，资源枯竭型城市的环境承受能力普遍脆弱。

一是前期经济发展快速的同时资源消耗量很大，有些地方仍然一味地追求经济发展，没有认识到其污染环境造成的经济损失远高于其创造的价值，同时可能要花更多的资金挽回环境的损失。二是生态绩效考核制度不足，受过去较长时期以 GDP 为主要指标的考核制度影响，不少资源枯竭型城市依然把 GDP 作为政府政绩考核的硬指标，在绩效考核中占相当大的比例。三是传统化石能源面临高效转型压力，新能源消纳受阻。受历史积淀原因，能源使用结构很难在短期内实现大规模调整，即使在煤价下跌，行业整体不景气的情况下，每年煤炭使用量仍然高居全国能源种类的前列。目前能源结构以煤电为主、水电为辅，搭配少量的风电光伏。而太阳能、潮汐能、风能等新能源的使用不稳定、规模小，一直处于小范围使用，目前只是作为补充能源。另外，处理核废料、废水的投资较大，更受技术制约，处理难度大。环保工作面临既要还"历史旧账"，又要控制新污染产生的双重困境。

最重要的还有环境追偿体制面临挑战。在现有的行政法律体系中，一是生态环境损害赔偿所特有的责任归属与赔偿问题难以单独由某一法律调整，环境污染涉及无主或有主但无法追究责任和无法追偿的环境事件。另外，生态环境损害涉及对赔偿权利人和责任人无法做出明确规定也是导致其法律的强制性执行力度不足的根源。二是生态环境体制改革由不同部门负责，由于各部门的工作重点不同、相关利益不同，各部门工作不可避免地难以统一和有效连接，所指定的各项制度缺乏统筹意识及相关的衔接机制，制度之间也存在相互冲突和掣肘，很容易形成工作难度加大，执法成本增加，权利虚置、职权交叉、职权不清等问题。三是相关部门的工作能力也尚无法满足工作需要，环境损害赔偿涉及"繁重、复杂"的具体工作，其"技术性强、工作量大"等特点，开展具体工作经验不足，面临挑战。四是赔偿资金管理使用没有明确，资金保障制度尚未完善和成熟，资金的使用效率低下。因此，环境污染问题在短期内化解较为困难。

3.3.4 社会主体活跃度不高

社会主体在经济、政治、文化、社会和生态文明建设中发挥着重要的载体作用，但由于资源型产业尚未建立有效的产权体系和价格形成机制，资源枯竭型城市主导产业的发展相对垄断，导致社会主体参与度不高，参与经济活动的主体大多为央企和国企，社会主体难以有效融入主导产业发展之中，而量大、规模小、不规范的企业却难以形成发展合力。资源枯竭型城市是由多方面因素造成的，虽然地方城市坚持自力更生，艰苦创业，但是完全依赖自身力量实现转型难度巨大。应当提高社会主体的活跃度，鼓励引导社会主体自发参与当中，更加积极关注资源枯竭型城市经济转型事业。扶持城市经济转型，鼓励资源枯竭型城市居民推进经济转型，多方面创造有利于转型的环境条件，在法律、政策、资金、信息、人才、项目等多方面提供支持，减少转型障碍，减轻转型负担，共同努力渡过经济转型难关。

3.3.5 创新要素驱动力不足

我国经济发展已由要素驱动和投资驱动转为创新驱动，创新软实力却是资源枯竭型城市的短板，国家实施重大产业调整战略，煤炭去产能、房地产去库存、企业降成本等宏观政策，对资源枯竭型城市的传统产业冲击很大，既要转型发展，还要追赶超越，缺乏必要的创新要素支持，面临前所未有的压力。

一是资源枯竭型城市财政压力突出。一方面，资源枯竭型城市在采煤沉陷区、棚户区、老工业区关矿停产后问题突出，工人工资、再就业安置问题以及生态环境治理费用也随着治理难度升级逐渐增大；另一方面，资源枯竭型城市生态转型受制于技术水平，转型升级步伐缓慢，接续替代产业发展还不充分，短期难成主角，科技研发资金投入表面是受困于资源枯竭，但本质原因还在于创新不够，企业研发能力和产品科技含量严重不足，科技研发投入不足，资源枯竭型城市生态转型所需要的资金规模巨大，而地方财政对产业的扶持力度有限，加上政府以外的转型资金筹措渠道不畅，无法吸引私人资金的投入。另外，资金使用效率不高也是造成资源枯竭城市财政压力突出的原因。

二是人才队伍匮乏。一方面，人才结构不合理。在数量上，技术型人才的供给远远不能满足需求量。在质量上，高技术技能人才与综合管理型人才缺乏。近年来，资源枯竭型城市转型逐步升级，而由于工人受所处行业的局限性，现有劳动力资源供给质量并不能满足企业劳动力资源的需求。加上资源枯竭型城市经济发展滞后，对人才吸引力不足，人才流失问题严重。另一方面，人力资源开发投入不足。我国人力资源的投向主要是政府机构和事业单位，相比较而言，企业的人力资本存量很小。对人力资本的投入也主要集中在教育经费和研发经费两方面，比较单一。

三是创新成果转化效率不足。目前由于科技成果大部分来自科研院而不是企业，科研成果和产业存在普遍的脱节现象，面临"专利多、转化少、需求多、供给少"的矛盾。新兴产业属于知识技术密集型产业，除受到知识、技术和人才的影响，导致研发能力普遍较弱外，还有其他方面原因。首先，研发吸收能力较弱。有些要求高技术的项目，依赖于高新技术的进口，而高新技术引进能力有限。其次，研发资源分配不均衡，研发机构的一些研发资源分配远远高于企业。而研发机构的研发成果多数转化率不高。又受供需信息对接和共享不足的影响，对现有科研成果梳理不够，不能为创新活动提供便利条件，成果转化平台载体、服务能力和水平也有待进一步提高。最后，激励政策缺乏针对性和时效性，仍需加强。

3.4　供给侧结构性改革驱动资源枯竭型城市生态转型机制分析

3.4.1　供给侧结构性改革与资源枯竭型城市生态转型的关系

资源枯竭型城市的生态转型与供给侧结构性改革有着密切的关系，表现在供给侧结构性改革的基础和发力点是改善生态环境，而资源枯竭型城市的生态转型又是供给侧结构性改革的催化剂。供给侧结构性改革严格说是国内少数关键产品无法满足需要，导致国内大量消费需求外流。因此，需要加快推动技术革新，促进产业结构优化升级，加快生态转型。生态转型和供给侧结构性改革又是相辅相成的。面对日益严重的生态问题，加快供给侧结构性改革，能有效配置资源，转变粗放型发展方式，优化产业结构升级，提高产品质量，有效应对环境污染问题。而资源环境约束也能够优化产业结构，推进供给侧全面深化改革进程。

资源枯竭型城市的生态转型要尽可能消耗少的资源能源，要"低消耗、低排放、低污染""高效率、高效益、高循环"。做到这一点，必须提高全要素生产率。而供给侧结构性改革不能仅限理解为优化供给结构，其根本是提高全要素生产率，从源头上减少能源资源消耗和环境污染。因此，从提高资源使用效率角度看，资源枯竭型城市的生态转型与供给侧结构性改革是相通的。

资源枯竭型城市的转型要促进城市经济的可持续发展。我国资源枯竭型城市的大部分企业初期生产方式粗放，缺乏生态理念，生态产品不足。随着经济发展和消费者消费水平的提高，更加注重产品质量和服务性，因此，供需不匹配最终导致产能过剩问题更加严重，而供给侧结构性改革将为资源枯竭型城市经济转型提供新动力，推动我国经济发展向形态更高级、分工更优化、结构更合理的生态经济阶段演进。

资源枯竭型城市生态转型要力促社会和谐稳定。促进社会和谐，一方面，需要政府推动收入分配改革，缩小城乡差距，不断改善民生，有效化解社会矛盾，维护社会公平正义；另一方面，则优化城乡区域结构，带动经济均衡长远发展。通过积极推进新型城镇化建设，完善当地教育、就业、医疗、养老等基本公共服务基础设施，提高人民的生活水平和素质。并且通过促进产城融合，可以带动周边经济发展。而这些也是供给侧结构性改革的重要内容。

资源枯竭型城市的转型要保护城市生态环境。而供给侧结构性问题是造成生态环境问题的根源。面对日益严重的生态环境问题，供给侧结构性改革为资源枯竭城市有效节约产能，应对生态环境恶化等问题提供了解决思路，要从制度供给、产业供给、要素供给三个层面推动资源枯竭型城市生态转型。

资源枯竭型城市生态转型的核心推动力是创新引领。从经济持续发展看，资源枯竭导致资源枯竭型城市丧失了经济赖以发展的支柱产业，迫切需要技术革新传统生产方式，发展具有竞争力的优势项目、高新技术产业、新能源等战略新兴产业，从而推动生态转型。从资源节约上看，资源消耗大、利用效率低是由于技术上达不到要求，通过加强技术的研发与推广，在很大程度上能够实现节能降耗，减少了环境污染。而供给侧结构性改革的关键就是要通过创新驱动，通过系列要素升级促进资源枯竭型城市的生态转型。

3.4.2 供给侧结构性改革影响资源枯竭型城市生态转型的因素分析

在分析了资源枯竭型城市与生态转型关系的基础上，从供给侧结构性改革的"制度层面、结构层面、产业层面、要素层面"具体分析影响资源枯竭型城市生态转型效果的因素，如表3.2所示。

表3.2   影响资源枯竭型城市生态转型效果的主要因素

层面	具体影响因素
制度层面	法律法规体系、行政管理制度、经济制度、文化制度
结构层面	产业结构、区域结构、要素投入结构、排放结构、经济增长动力结构、收入分配结构
产业层面	传统产业升级、产业链延伸、新兴产业成长、产业发展环境
要素层面	生产要素、技术要素、制度要素

3.4.2.1 制度层面

（1）法律法规体系。保障资源枯竭型城市生态转型有法可依重在法律制度的落实。完善环境保护的法律体系，通过体系化、法典化，构建环境资源法律体系，通过规章制度对生态环境进行整体保护。通过完善自然资源的产权管理制度，确保资源开发利用依照法律法规规定的程序进行，同时对于违反规定的违法行为及时问责，树立权威。建立完善的环保行政许可制度、行政责任制度、环保行政处罚制度，严格执行环境、能耗、水耗等标准。

（2）行政管理制度。资源枯竭型城市生态转型需要完善的行政机制体制指导、协调、监督生态保护工作。资源枯竭型城市生态转型问题实质是社会经济问题，需要各个相关部门的配合，完善的行政管理制度是生态健康转型发展的基础。推进行政体制改革，横向要优化资源枯竭型城市的政府机构，厘清各部门职责和职权，强化资源枯竭型城市地方政府行政管理综合协调的能力，促进部门之间整体协调。纵向要简政放权，推进工作重心下移，简化行政审批程序，提高行政管理效率和服务水平。要建设高水平执法队伍，善用"互联网＋"等信息化工具创新提高执法力度和监管水平等。

（3）经济制度。资源枯竭型城市发展受限除了资源枯竭原因外，主要还有体制上的矛盾。经济体制的改革以及各项举措的出台和落地对资源枯竭型城市经济社会发展的动力作用持续显现。其改革的核心是要处理好政府与市场的关系，通过有效的宏观调控，构建更加开放的经济新体制，更好地发挥市场和政府的搭配作用，重点是要健全产权制度和实现要素市场化配置。发挥资源枯竭型城市产权有效激励作用，建立健全创新驱动发展体制机制，实现要素配置效率，资源引导资源枯竭型城市"高污染、高耗能"的工业企业退出，推动国有资本做强做优做大。

（4）文化制度。生态转型受科学、文化教育的影响和制约，科学文化的发展水平直接影响着人们对环境问题生态转型的认识，在意识形态领域中具有深远意义。随着人文文化素质的提高，生态意识必然会逐步科学化和不断强化，人们对城市生态转型和可持续发展的自觉性也必然不断增强。意识观念的更新，推动了生态产业的迅速发展。推动环境文化制度的发展，是生态转型工作中的一项战略性措施。文化意识的崛起和发展，全方位、多角度、多手段宣传教育，促进广大群众自我环境教育和积极参与环境保护意识的转变。

3.4.2.2 结构层面

（1）产业结构。产业结构是指第一、第二、第三产业的结构比例。现阶段我国产业结构问题突出表现在低附加值产业、高消耗、高污染、高排放产业的比重偏高，具有国际竞争力产业的绿色低碳、高附加值产业比重偏低。要淘汰落后产能和"三高"行业，加快推进科技体制改革和生态文明体制建设，为资源枯竭型城市绿色低碳产业发展提供动力。因此，调整产业结构促进资源枯竭型城市高技术含量、高附加值产业的发展有利于实现经济发展的可持续性，实现生态转型。

（2）区域结构。区域结构是指人口的区域分布结构和区域结构。我国人口分布结构问题突出表现在我国城镇化率尤其是户籍人口城镇化率偏低，区域发展问题突出表现在地区间发展不平衡、不协调、不公平。推进农民的城镇化进程以及加快建设全国统一市场，解决不同区域发展不平衡问题，能够使资源枯竭型城市人口和各种生产要素在不同地区间自由流动。促进区域平衡及协调问题有利于促进资源枯竭型城市资源优化及合理配置，促进资源枯竭型城市的生态转型。

（3）要素投入结构。要素投入结构是指要素投入中一般性生产要素与高级要素的投入结构。资源枯竭型城市长期依赖劳动力、土地、资源等一般性生产要素投入，而对于人才、技术、知识、信息等高级要素投入比重偏低，导致资源枯竭型城市高端产业缺少、资源能源消耗过多且使用效率不高，造成资源浪费严重等问题。因此，优化资源枯竭型城市的要素投入结构是实现资源枯竭型城市创新驱动的重要因素。

（4）排放结构。排放结构是工业生产或生活排放中各种排放物质所占的比例。资源枯竭型城市排放结构中废水、废气、废渣等污染严重的物质排放比重偏高。这种不合理的排放结构增加了资源环境的压力。因此，加快推进排污权、碳排放权等方面的改革，优化排放结构，减轻环境管理压力是解决资源枯竭型城市环境污染、促进生态环境友好的重要途径。

（5）经济增长动力结构。经济增长动力结构是指在以前经济增长主要是过度依赖投资来拉动。而现阶段只有依靠"改革、转型、创新"才是经济持续发展的根本性动力。通过制度改革，解决制约资源枯竭型城市转型发展的根源问题；通过转型，促进资源枯竭型城市生态可持续发展；通过科技创新驱动，提高全要素生产率，形成资源枯竭型城市生态发展新的增长极，加快资源枯竭型城市，摆脱"资源诅咒"，增强资源枯竭型城市生态转型的内生动力。

（6）收入分配结构。收入分配结构是指我国的城乡收入、行业收入、居民收入等结构。加快推进资源枯竭型城市收入分配制度改革、社会福利制度改革等，促进收入分配的相对公平，缩小城乡收入差距、行业收入差距等有利于构建资源枯竭型城市的和谐社会，营造资源枯竭型城市发展环境，促进资源枯竭型城市生态转型。

3.4.2.3 产业层面

（1）传统产业升级。传统产业升级的核心与灵魂是提高产品附加值。通过改进资源枯竭型城市生产要素、优化产业结构、提高生产效率与产品质量，促进资源枯竭型城市传统产业生产、管理和影响模式发生根本性变革，加快向智能化、绿色低碳化改造升级，促进资源枯竭型城市生态转型的提质增效发展。

（2）产业链延伸。产业链延伸是通过对传统相关领域的相关产业进行兼并重组，使不同产业的企业直接关联，形成新的具有竞争力的大型企业。产业链向上游延伸到技术研发最基础的环节，向下游延伸到市场拓展环节。产业链条向上下游延伸，有利于通过主导产业龙头带动作用，加强上下游产业的配套与衔接，使上下游环节相互协调、紧密合作，形成规模效应，并带来高额的附加值，促进社会闲散资金和资源整合利用，带动整个资源枯竭型城市经济的转型发展。

（3）新兴产业成长。新时代背景下，新兴产业发展是推动经济提质创新发展的重要方面，重点发展新兴产业已经成为国民经济和社会发展的重要内容之一，对于资源枯竭型城市来说更是前所未有的发展机遇。推进资源枯竭型城市大力发展新能源产业、新信息技术产业、节能环保产业等新兴产业，逐渐向绿色、循环、低碳经济产业转型。

（4）产业发展环境。产业发展环境是外部经济形势、内部产业制度文化等内外部环境多种因素综合作用的结果。如随着国家新型城镇化的逐步推进，人口和经济集聚实际更有利于促进消费需求集中化、品质化，助推产业需求的分化、细化和多元化，为资源枯竭型城市产业提质增效升级创造更好的条件。而投资和消费对经济的增长贡献率的提高，也使得资源枯竭型城市培育产业新动力、拓展产业发展新空间的重要性凸显。另外，中国产业发展随着国际经济形势的影响也日趋严峻，推进资源枯竭型城市提高自主创新能力，加快产业技术改造升级，向有竞争优势的中高端水平发展。

3.4.2.4 要素层面

要素方面包括生产要素、技术要素、制度要素。其中生产要素投入包括劳动力、土地、资源、资本、技术、制度等，但并不是同一性质的平行因素。劳动力资本资源属于规模性的因素，这一要素的投入量的增加可以直接带来产量或者是 GDP 的增加，却不能直接提高效率。而技术要素，包括人力资本水平、知识增长、技术进步，属于效率型要素，这些要素直接作用于生产力的全要素提高。制度要素属于根源性的因素，它不仅直接影响规模性要素的投入和配置，也影响要素升级更深层次的因素。供给侧结构性改革的其中一方面内容是要加快推进技术进步、提升人力资本、培育知识增长、信息化等新的要素，其核心就是通过效率来拉动经济增长。只有这些要素整合在一起才能充分发挥供给体系的效率。

3.4.3 供给侧结构性改革对资源枯竭型城市生态转型的驱动效应分析

从供给侧结构性改革的"制度、结构、产业、要素"四个层面，每一层面又分为若干因子，全面分析了供给侧结构性改革对资源枯竭型城市生态转型的驱动效应，不同层面各自发挥作用又互相影响制约，构建了通过"制度创新、产业升级、结构优化、要素提升"共同作用推动资源枯竭型城市向生态友好方面转型的综合机制。其中制度创新是前提保障，产业升级、结构优化是核心内容，要素提升是基础推力。

制度创新是促进资源枯竭型城市的生态转型的前提和保障。通过制度创新能从根本上促进资源枯竭型城市的生态转型。制度改革包括法律法规、行政管理制度、经济制度、文化制度等。其中法律法规是根本保障，行政管理制度是主导力量，经济制度是制度层面的核心要素，文化制度是内在驱动力，构成了驱动资源枯竭型城市生态转型的制度保障体系。一是完善各方面的法律法规体系，确保资源枯竭型城市的生态转型在法律允许的范围和规定的程序内合理有效进行。二是在政府的主导下，通过政策倾斜、经济规划、行政手段等行政制度直接对资源枯竭型城市生态转型发展进行宏观调控，弥补资源枯竭型城市转型发展的缺陷，更有效地实现资源枯竭型城市的生态转型。三是经济制度改革是要政府通过简政放权，充分发挥市场调节资源枯竭型城市经济发展的作用，增强资源型企业的自主经营、自主创新能力。另外，通过拓宽融资渠道、减负减税，改革金融体制和税收体制，营造资源枯竭型城市良好的投融资环境。四是文化制度改革是资源枯竭型城市的内在推动力，通过传播生态文明理念，培养资源枯竭型城市文化积淀以及居民的生态意识，鼓励全社会主体积极主动参与资源枯竭型城市生态转型过程中。

产业升级、结构优化是促进资源枯竭型城市生态转型的核心内容。传统资源枯竭型城市产业结构单一、产业间横向联系性弱、灵活度差，因此，资源枯竭型城市转型的重点就是要摆脱资源束缚，实现城市的可持续发展。包括对传统产业的改造升级，加快淘汰落后产能，提高产品的附加值；延伸产业链条，整合要素资源，优化资源配置，提高资源利用率；优化产业结构，重点向新兴战略产业方向发展，实现资源节约、经济高效、绿色环保的资源枯竭型城市生态转型效果。同时在整个产业发展环境的外因作用下，资源枯竭型城市应积极应对面临发展机遇和挑战，通过科技创新，提升供给质量，增强企业自身市场竞争力。另外，通过优化要素投入结构、排放结构等促进资源枯竭型城市产业健康发展，营造资源枯竭型城市良好的生态环境。

要素提升是促进资源枯竭型城市生态转型的基础推动力。科技创新已成为资源枯竭型城市生态转型的关键推动力，为企业自主研发和科技创新提供必要的技术支持，而创新的主体是人，人力资源又是知识资源的重要载体。从知识资源到人才再到创新以及创新成果的转化，资源枯竭型城市要培养、引进高素质专业化人才，增加研发资金供给以及提高创新成果的转化效率，在创新过程中每一要素环节的提升，都成为促进资源枯竭型生态转型的潜在推动力。

综上所述，四个层面的驱动因素各自作用又相互影响，同时在生态转型效果不佳时，又会倒逼资源枯竭型城市加快进行制度变革、优化产业结构、淘汰落后产能、提高科技水平，培养核心竞争力，实现资源枯竭型城市制度、产业、结构、要素全方位的升级，共同促进资源枯竭型城市的生态转型，如图 3.7 所示。

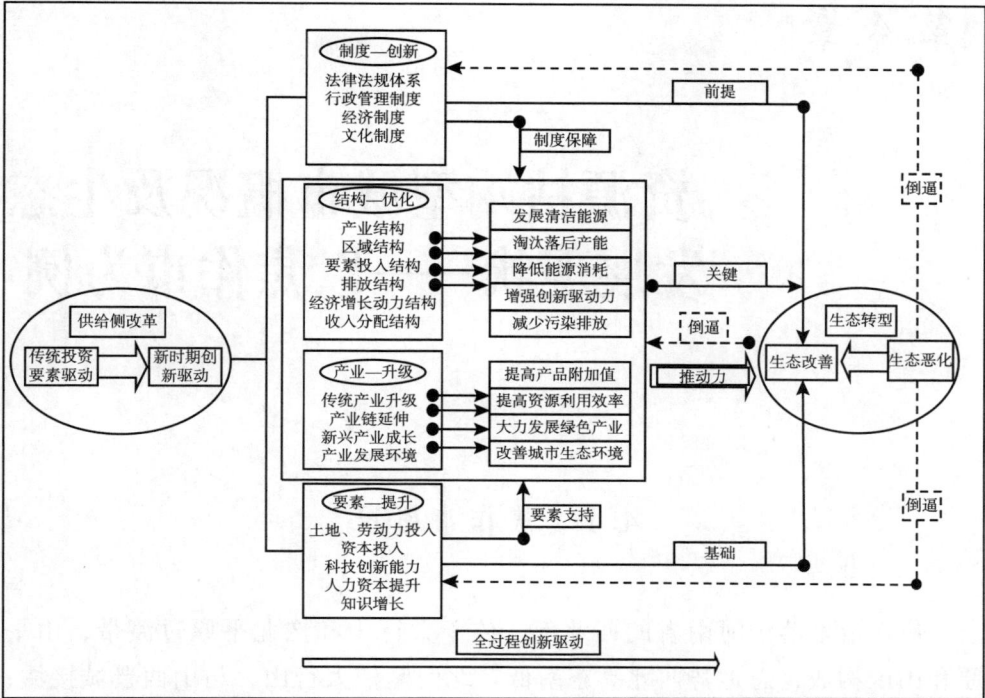

图 3.7 供给侧结构性改革对资源枯竭型城市生态转型的驱动效应

第 4 章

资源枯竭型城市概况及生态发展现状——以焦作市为例[①]

4.1 焦作市概况

焦作市坐落于河南省的西北部，位于太行山和豫北平原过渡带，由平原和山区构成，总地势西北高东南低。北面紧依太行山，与山西晋城接壤；南面临接黄河，与郑州、洛阳相毗邻，隔河相望；东临新乡，西接济源，东西狭长。焦作市自古以来就是交通要道，交通四通八达，是联系南北东西的咽喉重地。现辖焦作、孟州 2 市，温县、博爱、修武、武陟 4 县，解放、山阳、中站、马村 4 区和 1 省级高新开发区，58 个乡镇，44 个办事处，1814 个行政村。截至 2012 年底，焦作市总面积为 4071 平方公里，总人口为 352 万人，其中城镇人口 179 万人，农村人口 1736 万人。

4.1.1 自然概况

4.1.1.1 地形地貌

焦作市位于太行山脉和豫北平原的交接过渡地带。地貌由平原和山区两大基本结构单元构成，地貌从北向南依次为山区—丘陵区—山前冲积平

---

① 资料来源：焦作市人民政府网，http：//www.jiaozuo.gov.cn/。

原—扇前槽交接洼地—郇封岭岗地—沁河河漫滩—黄沁河冲积平原—青凤岭岗地—黄河带状冲积平原，地势呈西北向东南倾斜，由北向南渐低的阶梯式变化，层次分明。其中山区主要分布在焦作市北部，包括修武县、马村区、解放区、山阳区、中站区、博爱县和沁阳市的北部山区，海拔在200～1790 米。山前倾斜平原主要分布在焦作市中部和南部广大地区，主体为山前冲洪积平原，主要包括山前倾斜平原、沁黄河冲积平原、扇前洼地、岗地及滩地，海拔在 85～200 米。

4. 1. 1. 2　气候

焦作市位于中纬度区域，属于暖温带大陆季风气候，主要特点为四季分明，春季干旱多风，夏季炎热多雨，秋季秋高气爽，冬季严寒少雪。焦作市整体气温适中，年均气温为 12.8～15.5℃，其中 7 月日均气温为 27～28℃，1 月日均气温为 -2～2℃；日照为 2200～2400 小时；无霜期为216～240 天。受地形及主要区域气候影响，降水量呈现由山区向平原递减的趋势。北部山区降水量在 421.1～1190 毫米，平原地区降水量在 260.3～1101.7 毫米，总体降水量四季不均，6～9 月降水量占全年降水量的 70% 左右，其中 7～8 月降水最为集中，因此，多出现春季多干旱，汛期多暴雨，主要有洪涝、干旱、大风、沙尘暴、冰雹等气候灾害。

4. 1. 1. 3　水资源

焦作市是华北地区不可多得的富水区，水资源丰富，境内河流众多。其中流域面积达到 100 平方千米的河流就有 23 条，另外还有广利渠及引沁渠两大人工水渠，有青天河、群英、白墙、顺涧等较大水库，目前还有正在修建的从中心城区穿过的南水北调工程，这些都给焦作市带来了充裕的地表水资源。焦作市的地表水资源大部分来自晋东南地区，受地形的影响，大多呈西北向东南流向。焦作市同时还是一个天然的地下水汇聚宝地，北部地区及晋东南约 1400 平方千米均为焦作市的地下水补给区，目前已探明的地下水储量为 35.4 亿立方米。焦作市的年均降水量在 586.5～653.1 毫米；年蒸发量为 1721～2048 毫米；蒸发量和降水量差值达到 1200 毫米，其中 6 月的蒸发量最大，大约在 300 毫米，1 月的蒸发量最小，大约在 80毫米。

4.1.1.4 矿产资源

焦作市是一座资源型城市，自然资源丰富，因煤兴起，以矿起家。拥有着丰富的矿产资源，种类多、储量大、质量好。经过普查发现，焦作市的矿产资源有 40 余种，占河南省目前已发现矿种总量的 1/4，其中探明储量二十余种包括煤炭、耐火黏土、硫铁矿、石灰石等。在化工及钢铁工业中作为最理想的单一的优质无烟煤的原燃料煤炭储量高达 33 亿吨；作为陶瓷及耐火材料的良好原料的耐火黏土具有埋藏度浅、易开采及高耐火度等特点，目前探明储量为 4686.9 万吨，占全省已保有储量的比例达 10% 左右；磁铁矿目前的保有储量为 2726 万吨，其中工业储量达 740 万吨，含铁量为 32%，占全省储量的比例达 41%；作为纯碱和水泥的重要优质原料的石灰石分布广泛，工业储量目前达 33 亿吨，预测远景储量有望达到 100 亿吨，其厚度已基本稳定于 30 米以上，含氧化钙的比例在 52% ~ 54%，占有面积为 500 平方千米；此外，焦作市还拥有其他矿产资源如铜、大理石、石英、锌、磷、锑等，为焦作市的发展提供了良好的基础。调查数据显示：全市每年要消耗 800 万吨左右的煤炭资源，40 亿度左右的电力，同时每年排放 230 吨左右的工业固体废弃物，8000 万吨废液，700 亿立方米的废气。由于煤炭资源是不可再生能源，随着资源枯竭及环境污染，焦作市的经济也因此受到很大影响。

4.1.1.5 生物资源

焦作市的动植物资源丰富，品种多样。其中野生动物有 190 余种，包括猕猴、青羊、虎、豹、狐、香獐等，有 20 多种属于国家稀有保护动物；植物包括木本和草本，木本植物有 143 科 875 种，草本植物有 69 科 469 种，其中红豆杉、青檀、山白树、杜仲、连香树等属于国家稀有保护树种；主要的粮食作物有小麦、水稻、玉米；主要的经济作物有花生、大豆、棉花、怀药等，其中牛膝、地黄、山药、菊花作为四大怀药闻名于中外，远销欧美及东南亚二十多国家及地区。

4.1.1.6 旅游资源

焦作市是一个旅游资源非常丰富的城市。太行山在焦作连绵百余公里，从东到西分布着 1000 多处景点，目前国家级的文物保护单位有 6 处，省级的文物保护单位有 54 处，其中分布着 9 处革命遗址、遗迹及纪念地，2 处古建筑，10 处古文化遗址。焦作市北依太行山，南临黄河，位于太行山脉和豫北平原的交接过渡地带，由平原和山区构成，高山与平原相接，依据独特优越的地势及文化积淀，焦作市形成了丰富奇特的自然及人文景观。目前已开发的有国家级名胜风景游览区——云台山；省级名胜风景区——青龙峡、青天河、神农山；市级名胜区——峰林峡、月山寺及现代焦作市影视城、龙源湖公园等娱乐休闲场所。其中云台山世界地质公园包括云台山、青天河、青龙峡、峰林峡、神农山，该地质公园既包含北国山水的浓厚又具备南国风光的典雅，是世界首批 28 个地质公园之一，是山水景观中的极品。

4.1.2　社会经济状况

4.1.2.1　人口及分布

市场规模及产业的发展程度与人口数量有很大关系。一般意义来讲，充足的人口为经济发展提供了充足的劳动资源，同时作为消费者，人口数量的增加会拉动消费需求，促进本地经济发展。但在一定经济水平下，人口若呈现过快增长，一方面，对就业产生压力，从而影响劳动生产率和技术进步，不利于当地经济的长远发展；另一方面，对资源、环境也会造成很大的压力。因此，人口数量对经济的持续发展起着制约作用，在发展经济的同时一定要充分根据当地的人口数量、消费结构及水平进行合理发展。

人口数量对经济的发展起着非常大的作用，为了更好更全面地研究焦作市近几年的生态经济发展状况，需要对焦作市 2012～2018 年的总人口数、人口结构及增长状况进行分析研究。图 4.1 是焦作市 2012～2018 年总人口数的变化趋势及增长幅度。图 4.1 中可以清晰地看出，2012～2018 年人口总体呈上升趋势，2012～2016 年总人口由 343 万人增长到 354 万人，2016～2018 年下降到 352 万人；2016 年焦作市人口总数及增长率达到最高点，随着焦作市不断进行调整和控制，2017～2018 年数值有所回落，趋势有所缓和。随着经济的飞速发展，2012～2018 年焦作市的人口结构也发生巨大的变化，如表4.1所示。从农业与非农业结构的比重来看，2012～2018年，焦作市非农业结构的比重由42.11%上升到49.04%，上升了6.93个百分点；年平均人口从342万人增长到365万人；人口密度从840人/平方千米增加到897人/平方千米；由于焦作市实现了成功转型，经济得到迅速发展，吸引了很多的外地人，所以焦作市目前还存在着一定量的流动人口。

表4.1 　　　　　　　　　　焦作市2012～2018年的人口变化情况

年份	总人口（万人）	年平均人口（万人）	非农业人口（万人）	非农业人口比例（%）	人口密度（人/平方千米）
2012	343	342	144	42.11	840
2013	345	344	150	43.60	845
2014	347	346	157	45.38	850
2015	348	347	163	46.97	852
2016	354	348	167	47.99	855
2017	353	363	172	47.38	892
2018	352	365	179	49.04	897

资料来源：《焦作市统计年鉴（2012～2018）》。

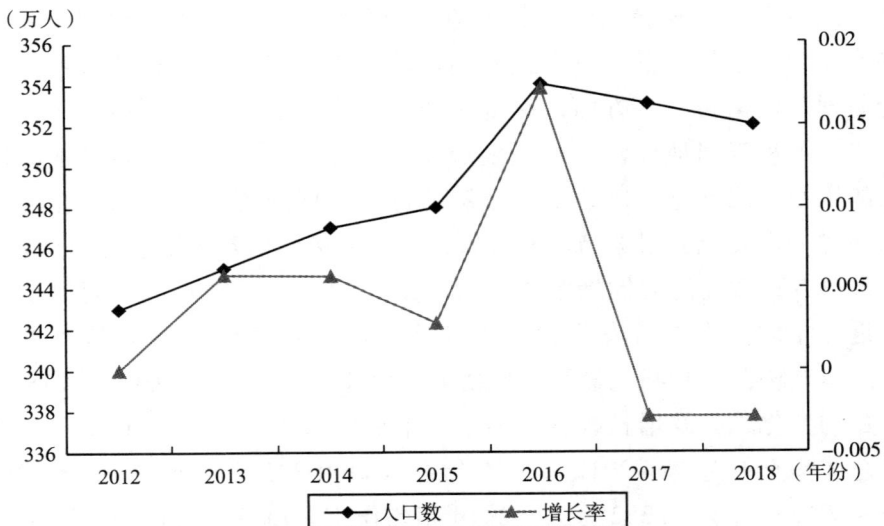

图4.1　焦作市2012～2018年人口变化折线图

资料来源：《焦作市统计年鉴（2012～2018）》。

4.1.2.2 国民经济增长情况

焦作市 2018 年全年生产总值达到 1551.35 亿元，比上年增长 7.53%。其中，第一产业增加值为 8.26 亿元，较上年增长 7.00%；第二产业增加值为 52.65 亿元，较上年增长 5.30%；第三产业增加值为 48.12 亿元，较上年增长 14.39%。人均国内生产总值为 44029 元，较上年增长了 7.89%。图 4.2 是焦作市 2012～2018 年的国内生产总值（GDP）及人均国内生产总值趋势图，从图 4.2 中可以看出，焦作市的国内生产总值及人均国内生产总值呈现稳步上升趋势，表明国民经济保持较快增长。

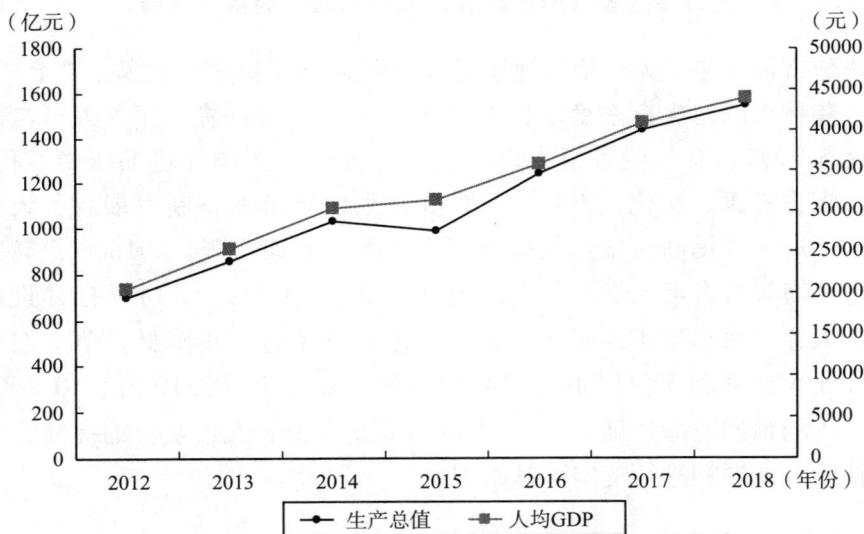

图 4.2　焦作市 2012～2018 年国民经济变化折线

资料来源：《焦作市统计年鉴（2012～2018）》。

4.2　焦作市生态发展现状

自焦作市成功转型以来，如何实现焦作市环境和经济协调持续发展是当前的重要任务之一。经过近几年的努力，焦作市在经济和环境协调可持续发展方面取得了明显的成效，但总体看来，经济的增长与人口、资源、环境间仍然存在着矛盾，经济快速增长伴随着资源的大量消耗、生态环境的破坏，矛盾日益突出，其中粗放的增长方式更加剧了矛盾的恶化。

4.2.1 焦作市生态发展成效

近年来，焦作市委、市政府带领着全市人民，以科学发展的思想为指导，实施科学发展观，严格控制人口的增长，高度重视环境的保护工作，积极推进以综合开发利用的资源节约型的方式，加快转变经济的增长方式，促进人口、资源、环境协调发展，在此期间，取得了明显成效。

4.2.1.1 人口保持较低速度增长，人口素质明显得到改善

焦作市近几年的人口增长速度迅速下降，出现负增长趋势。"十三五"期间，焦作市的总生育率稳定在 1.55% 左右且平缓下降，年均人口自然增长率为 5.49‰，有效缓解了人口增长对经济社会资源环境的压力。科技、教育、人力资源、文化、卫生、人口和计划生育事业不断发展。各级教育普及水平进一步提高。城乡免费九年义务教育全面实现，2018 年，高中阶段教育和高等教育毛入学率分别达到 90.3% 和 36.1%。人才队伍建设成效显著，人才资源总量不断扩大。出生缺陷发生率进一步降低。孕产妇死亡率、婴儿死亡率和 5 岁以下儿童死亡率分别降至 12.43/10 万、10.96‰ 和 12‰，人均预期寿命达到 73 岁。人口的低速增长和人口素质的提高为焦作市可持续发展顺利进行奠定了基础。[①]

4.2.1.2 环境保护和治理力度不断加大

随着经济的发展，人们的环保意识普遍提高，环境污染及生态破坏的现象有所缓解。2018 年，焦作市城市环境空气污染指数 API≤100 的天数比例为 86.1%，满足城市环境综合整治定量考核指标≥85% 的要求；集中式饮用水源地水质达标率为 100%，满足城考指标 100% 要求；城市区域环境噪声等效声级平均值为 54.6 分贝，满足城考指标≤56 分贝的要求；城市交通干线噪声平均值为 66.7 分贝，满足城考指标≤68 分贝的要求；城市水环

---

① 资料来源：《焦作市统计年鉴（2012～2018）》。

境功能区水质达标率为 100%，满足城考指标 100% 的要求；工业用水总量为 98661.21 万吨，废水排放量为 10641.55 万吨，与上年相比，废水排放量减少 540.51 万吨，降幅 4.8%；化学需氧量排放量为 12820.23 吨，氨氮排放量为 966.71 吨，与上年相比，化学需氧量排放量减少了 1384.28 吨，降幅 9.7%，氨氮排放量减少 184.01 吨，降幅 16.0%；焦作市工业废气排放量为 15195599 万标立方米，与上年相比，工业废气排放量减少了 2173864 万标立方米，降幅为 12.5%。[①]

4.2.1.3 工业结构调整效果显著

焦作市结合全省环保目标和本地实际，连年进行污染整治，将长远整治和眼前整治相结合，综合整治和单项整治相结合，流域整治和城区整治相结合，地表水整治和地下水整治相结合，核心就是实施"关闭一批，搬迁一批，淘汰一批，治理一批"的"四个一批"工程。"十三五"以来，共整治企业 957 家。其中，对 837 家企业进行了治理；对 17 家企业进行了搬迁；对 41 家企业进行了关闭；对 62 项落后工艺进行了淘汰。在全省率先对年产 5 万吨以下的 20 家废纸造纸生产线实施了关闭；对 13 家化工等重点高危企业，配套建设环境安全工程；对制药、电镀、合成氨和硫酸等行业，按照新颁布的标准实施深度治理；在对电力行业进行脱硫后，对非电行业的锅炉、窑炉进行了脱硫治理。[②]

4.2.1.4 生态建设取得新突出

全市有林地面积达到 80.52 万亩，疏林地 0.21 万亩，灌木林地 35.38 万亩，未成林造林地 27.87 万亩，林网控制面积 210 万亩，生态廊道 3300 公里，活立木蓄积量 355.8 万立方米，森林覆盖率达到 28.2%。根据《河南林业生态效益评价》《森林公益效能计量调查－绿色效益调查》和《中国可持续发展林业战略研究总论》评价办法、指标和标准，对全市林业的综合效益进行评价。测算出焦作市林业的年综合效益达 36.95 亿元，其中生态效益 21.93 亿元，经济效益 11.66 亿元，社会效益价值 3.36 亿元。[③]

---

①②③ 资料来源：《焦作市统计年鉴（2012～2018）》。

4.2.1.5 资源开发与综合利用力度加大

近年来，焦作市积极对能源资源进行整合，资源的开采程度显著提高，同时并积极开展相关资源的综合利用工作，大力推广生态环保、清洁能源的开发及利用；大力增加经济投入，在资源开发过程中，提高了科学技术，降低了资源的能耗，提高了单位产值。其中万元 GDP 能耗下降到 1.029 吨标准煤，较上年下降了 6.79%；万元 GDP 电耗下降到 1258.88 千瓦时，较上年下降了 14.37%；单位工业增加值下降到 1.259 吨标准煤，较上年下降了 15.19%；工业固体废弃物综合利用量为 462.40 万吨，工业固体废弃物的综合利用率为 60.8%。[①]

4.2.2 焦作市生态发展瓶颈

焦作市经济成功转型后，随着经济的迅速发展，对资源及环境的利用也提出更高的要求，焦作市的生态发展将会面临更大压力。

4.2.2.1 人口规模大、整体综合素质较低、空间分布不合理

通过上述分析可以看出，焦作市 2012~2018 年人口总体呈上升趋势，人口规模总体过大，人口总量继续惯性增长，人口密度持续加大，人均耕地少的状况进一步加剧。高能源依赖的经济增长方式转变需要一个过程，"十三五"期间焦作市资源环境发展的矛盾将愈显突出。保持人口资源环境协调、可持续发展是当前和今后必须面对的巨大挑战。据统计，焦作市 15~64 岁的劳动年龄人口"十三五"末达到 261.14 万人，到 2020 年将达到高峰 265.61 万人。[②] 在相当长的时期内，劳动力供应充足。但焦作市人口素质总体不高，创新型、实用型、复合型人才紧缺，不能满足经济结构调整、经济发展方式转变的要求。人力资本对经济增长的贡献率较低，成为影响焦作市竞争力的重要因素，把劳动力优势转化为人力资源优势的任务十分艰巨。人口空间分布与经济布局不协调，与资源环境承载力不适应。城镇化率偏低，流动人口规模越来越庞大，对社会管理和公共服务等带来

---

①② 资料来源：《焦作市统计年鉴（2012~2018）》。

一系列挑战。焦作市流动人口总量不多，但增幅逐年加大。

4.2.2.2　资源紧张与浪费并存，资源的开发与保护矛盾突出

人口逐年增多，耕地逐年减少，人均耕地占有量不断下降，潜在的土地危机越来越明显。据统计，1980年全市人均耕地为1.12亩，1990年下降到人均1.0亩，2018年下降到人均耕地0.94亩。低于全国、全省人均水平，已接近联合国粮农组织确定的人均耕地临界线。如果耕地按以上速度继续递减，人口继续递增，到2020年全市人均耕地将减少到0.9亩，2022年将减少人均耕地到0.79亩。由于长期以来对土地缺乏宏观调控和计划管理，微观管理不严，造成土地浪费。主要表现在：农村居民点用地面积过大，户均居民点用地达0.07公顷（1.05亩），人均达到158.75平方米；部分乡镇企业缺乏科学论证，盲目上马，往往是建厂不久，便关门停产，长久占而不用；土地承包者弃农经商，粗放经营，有些甚至长期撂荒；建设用地的布局不尽合理，一些地方用地功能混杂，导致土地利用率下降，造成土地资源浪费。与此同时，焦作市的自然资源在总量不断减少的情况下，浪费问题又比较严重，粗放型的利用方式比较普遍，土地资源的集约化程度比较低，水资源的有效利用的系数不高。煤炭等矿产资源开采过程中的采富弃贫的现象比较严重，资源的开发和利用过程中的矛盾比较尖锐，对资源在开发及利用过程中进行有效保护和节约的任务仍较繁重。

4.2.2.3　环境污染严重，污染物排放强度大，环境污染负荷高

焦作市在环境污染问题中，水污染问题尤为突出。地表水以劣Ⅴ类水质为主，水质状况为重度污染。主要污染指标为生化需氧量、化学需氧量和石油类。全市监测的8条河流共13个断面水质中：沁阳伏背和博爱青天河村2断面水质类别为轻度污染（Ⅳ类）；沁河西王贺、沁河武陟渠首、新河灵泉碑和济河沁阳西宜作4个断面水质类别为中度污染（Ⅴ类）；蟒河济源南官庄、蟒河白墙水库、蟒河温县汜水滩、新河住郭庄、大沙河修武水文站、共产主义渠获嘉东碑村、滩区涝河石井桥7个断面水质类别均为重度污染（劣Ⅴ类）。由于焦作市是以煤炭为基础产业立市的，燃煤导致相关污染比较严重。其中烟粉尘排放量为29063.5吨，较上年增加8804.8吨，增幅为43.5%；二氧化硫排放量为65834.92吨，较上年增加65834.92吨，

增幅为 33.9%。①

4.2.2.4　生态系统脆弱，生态压力没有得到有效控制

　　焦作市作为全国的重化工基地，化工工业较为发达，但由此而大量排放的废水、废气、废渣，直接或通过地下水渗透，间接地对耕地造成不同程度的污染，并且污染范围和污染程度有逐年上升的趋势。由于过去一段时间曾盲目强调扩大耕地面积，陡坡垦荒，乱砍滥伐树木资源，因而造成了土地利用结构失调，出现了大面积的水土流失。近年来，开山采石、采矿等也造成了部分水土流失，在现有 866.1 平方千米的山丘中，水土流失面积已达 364 平方千米，占 42%。这直接导致了生态环境恶化，土壤肥力下降。焦作市现代采煤业已有上百年的历史，由此而引起的地表塌陷面积也逐年扩大，目前，土地塌陷面积已达 1750 多公顷，完全失去了灌溉能力，耕作条件严重破坏，单位面积产量大幅度下降。

---

① 　资料来源：《焦作市统计年鉴（2012～2018）》。

第 5 章

资源枯竭型城市生态足迹及 ARIMA 预测模型的构建——以焦作市为例

5.1 生态足迹模型的前提假设及构成指标

瓦科那哥（Wackernagel）对生态足迹模型提出了合理的前提假设，以便更好地应用于全球、国家以及地区和个人的活动对生态的评价研究分析之中，假设前提如下。

（1）通过查阅资料及相关统计指标，人类可以估计出自身活动消费的大部分资源及排放废弃物的数量。

（2）计算模型中涉及的资源和废弃物数量是指可以转化折算为其相应生态生产性的土地面积，不能转化折算为相应生物生产性的土地面积的资源及废弃物，不在模型的评估范围内。

（3）不同类型的生态生产性土地面积按照其相应的生产力份额通过标准化处理，可以统一转化为全球公顷（即全球的平均生产能力）。

（4）每种土地类型都是单一并且排他的，全球每公顷代表相同的生产力，通过加总各种资源及废弃物转化的土地面积可以得到人类的总需求。

（5）自然供给的产品及服务也可以通过标准化处理统一折算成为生物生产性的土地面积，从而得出自然的总供给量。

（6）运用生态足迹的方法计算并经过标准化处理的人类活动所对自然方面的生态需求可以与经过标准化处理得出的自然方面的生态供给进行直接比较。

（7）通过处理后的标准化人类的总需求可以超过自然生态的总供给。

基于以上对生态足迹的七个基本前提假设，人类的活动对自然生态的影响可以量化为相应的生物生产性的土地面积，这样通过生态足迹模型就可以将人类对自然生态异常复杂的活动简化，从而提供了衡量人类活动可持续性的一种简洁有效的定量评价方法。

生态足迹模型主要包括生态足迹、生物生产性土地（耕地、林地、草地、建筑用地、化石能源用地、水域）、生态承载力、生态赤字/盈余、万元 GDP 生态足迹、生态足迹压力指数等相关指标构成。

5.2 焦作市生态足迹模型的评价体系与模型的计算方法

5.2.1 焦作市生态足迹模型的评价体系

图 5.1 为焦作市生态足迹的评价指标体系。

5.2.2 生态足迹模型的计算方法

生态足迹模型主要用于对区域的可持续发展进行定量评价研究，其核心是对生态足迹的计算。根据以上对生态足迹模型的理论介绍及评价指标体系，生态足迹的计算主要包括对消费项目指标的具体划分、生态足迹实际需求的计算、生态承载力的计算、生态赤字/盈余的计算以及 ARIMA 模型的概念。

5.2.2.1 消费项目指标的具体划分

通过前文理论部分介绍生态生产性的土地类型主要分为 6 种，具体划分如下：耕地类型的主要消费项目包括农产品（稻谷、小麦、玉米、大豆、油料、薯类、棉花、蔬菜）；林地类型的主要消费项目包括林产品（水果）；草地类型的主要消费项目包括畜产品（猪肉、牛肉、羊肉、禽肉、山羊毛、细羊毛、蜜蜂、禽蛋）；水域类型的主要消费项目包括水产品（水产品）；建筑用地的主要消费项目包括热力、电力等；化石能源用地主要消费项目包括原煤、焦炭、柴油、燃料油等。

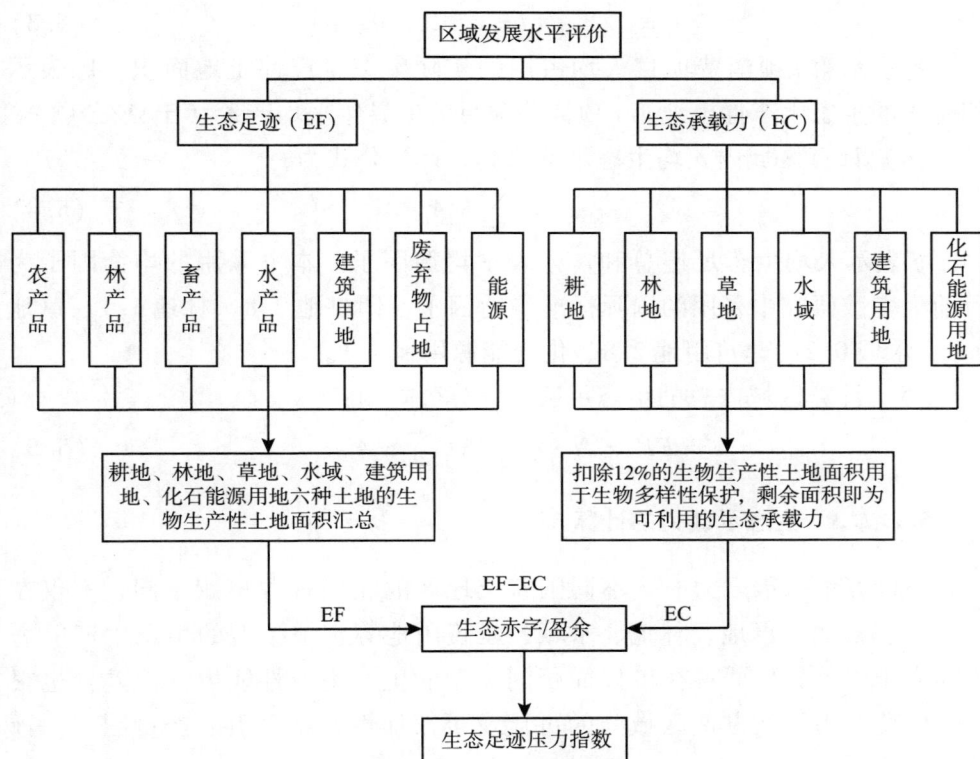

图 5.1　焦作市生态足迹的评价指标体系

5.2.2.2　生态足迹实际需求的计算

（1）计算区域内各主要消费项目的消费总量，计算公式为：

$$C_i = P_i + I_i - E_i \quad (i=1, 2, \cdots, n) \tag{5.1}$$

C_i 表示第 i 项消费项目的年消费总量，P_i 表示第 i 项消费项目的年生产量，I_i 表示第 i 项消费项目的年进口量，E_i 表示第 i 项消费项目的年出口量。

（2）计算区域内人均年消费量 R_i 的计算公式为：

$$R_i = (P_i + I_i - E_i)/N \tag{5.2}$$

R_i 表示第 i 项消费项目人均年消费量，N 表示人口数量。

（3）计算区域内各主要消费项目人均生态生产性土地面积。利用平均生产能力的数据，将各项消费项目的消费折算为实际的生态生产性土地面积，即为 A_i（公顷/人），计算公式为：

$$A_i = c_i/Y_i \quad (i = 1, 2, \cdots, n) \tag{5.3}$$

A_i 表示第 i 项消费项目人均占用的实际生态生产性土地面积，Y_i 表示相对应的生态生产性土地第 i 项消费项目的世界年平均产量（千克/公顷）。

（4）计算区域内人均生态足迹总和，计算公式为：

$$ef = \sum \gamma_j A_i \tag{5.4}$$

ef 表示人均生态足迹总和，γ_j 表示均衡因子。本书采用的均衡因子为目前大多数研究中采用的国际标准均衡因子，即耕地 2.8、林地 1.1、草地 0.5、水域 0.2、建筑用地 2.8、化石能源用地 1.1。

（5）计算区域内总的生态足迹，计算公式为：

$$EF = N \cdot ef = N \left(\sum \gamma_j A_i \right) \tag{5.5}$$

5.2.2.3 生态承载力的计算

在计算生态承载力时，不同国家及地区的相应资源禀赋不同，不仅在单位面积耕地、草地、林地、水域、建筑用地等土地类型的生态生产能力方面有很大差异，而且在单位面积同类型的生态生产性能力方面差异也很大。因此，为了使方便区域间的可比及可累加性，需要引入产量因子。计算公式为：

$$\lambda_j = y_j/Y_j \quad (j = 1, 2, \cdots, 6) \tag{5.6}$$

y_j 表示第 j 类土地类型在该区域的平均生产力，Y_j 表示第 j 类土地类型的全球平均生产力。

$$EC = N \cdot ec = N \cdot \sum a_i \cdot \gamma_j \cdot \lambda_j \tag{5.7}$$

ec 表示人均生态承载力，a_i 表示人均拥有的第 i 类生态生产性土地面积，λ_j 表示产量因子。

关于选取产量因子的方法，在全球以及国家层面上没有大的争议，但是在计算国家以下的层次区域中，采用国家的平均生产力往往不能正确地反映各个不同区域的生态系统其真实的生产力水平。因此，本书根据焦作市不同土地类型的生产力与全球的平均生产力比较来得到产量因子。其中，耕地主要采用粮食的产量，林地主要采用林产品中水果的产量，水域主要采用水产品的产量（本书中所采用的产量因子是焦作市 2012～2018 年各年产量因子平均值，其中产量因子分别如下：耕地 2.69、林地 1.74、水域 36.33）；焦作市由于牧草地比较少，为了方便区域间进行比较，本书统一采用国内大多数采用的牧草地的产量因子即为 0.19；建筑用地则参考前人的研究，采用与耕地相等的产量因子；在计算生态承载力时处于谨慎性考虑需要扣除 12% 的生物多样性的保护面积。主要的产量因子数据如表 5.1、表 5.2、表 5.3 所示。

表 5.1　　　　　　　　　焦作市 2012～2018 年耕地产量因子

项目	2006 年	2007 年	2008 年	2009 年	2010 年	2011 年	2012 年
产量因子	2.56	2.69	2.71	2.71	2.71	2.70	2.74

表 5.2　　　　　　　　　焦作市 2012～2018 年林地产量因子

项目	2006 年	2007 年	2008 年	2009 年	2010 年	2011 年	2012 年
产量因子	1.56	1.72	1.73	1.77	1.80	1.81	1.81

表 5.3　　　　　　　　　焦作市 2012～2018 年水域产量因子

项目	2006 年	2007 年	2008 年	2009 年	2010 年	2011 年	2012 年
产量因子	18.51	39.13	34.50	35.41	40.96	42.39	43.43

5.2.2.4　生态赤字/盈余的计算

生态足迹和生态承载力的差值为生态赤字或生态盈余，计算公式为：

$$ED(ES) = EF - EC \qquad (5.8)$$

5.2.2.5　ARIMA 模型的概念

综合自回归滑动平均模型，又称自回归移动平均模型（autoregressive integrated moving average，ARIMA）。该模型在 70 年代初由博克思（Box）、詹金斯（Jenkins）提出，也称为 Box - Jenkins 法。ARIMA（p，d，q）模型是 ARMA（p，q）模型的深化和扩展。它是指将非平稳的时间序列转化成平稳的时间序列，然后将因变量仅对它的滞后值及随机误差项的现值和滞后值进行回归后所建立的模型。

5.3 ARIMA 模型的概念及计算方法

5.3.1 ARIMA 计算模型

$$W_t = \varphi_1 W_{t-1} + \varphi_2 W_{t-2} + \cdots + \varphi_p W_{t-p} + e_t - \theta_1 e_{t-1} - \theta_2 e_{t-2} - \cdots - \theta_q e_{t-q}$$

$$(5.9)$$

经过推理得：

$$\varphi(B) W_t = \theta(B) e_t$$

$$\varphi(B) = 1 - \varphi_1 B - \varphi_1 B^2 - \cdots - \varphi_P B^P$$

$$\theta(B) = 1 - \theta_1 B - \theta_2 B^2 - \cdots - \varphi_P B^P$$ 且 $\varphi(B) = 0$ 与 $\theta(B) = 0$ 中所有根的模制大于 1；

其中 W_t 表示综合自回归移动平均序列也即是 ARIMA（p，d，q）；φ_1，φ_2，$\cdots$，φ_p 表示自回归参数；θ_1，θ_2，$\cdots$，θ_p 表示滑动平均参数；随机项 e_t 表示白噪声序列，服从于 0 均值，方差 σ_e^2 的独立正态分布。

ARIMA 模型的一般形式为：

$$\varphi(B)(1 - B)^d Y = \theta(B) e_t \qquad (5.10)$$

ARIMA 模型是根据原有序列是否平稳及回归中所包含部分的不同，模型确定包括四部分：移动平均过程（MA）、自回归过程（AR）、自回归移动平均过程（ARMA）及 ARIMA 过程。模型适用非平稳时间序列，在应用中需通过若干次的差分将非平稳的时间序列转化成为平稳的时间序列，平稳的时间序列再进行定阶及参数估计，得出 p，q 值，再依据 ARIMA（p，d，q）模型对现有时间序列进行预测分析，进而得出预测值。该模型目前广泛应用于生物、医学、经济、管理、水利气象等多个研究领域和部门，并取得了很好的研究效果。

5.3.2　计算步骤和程序

（1）根据时间序列的散点图、自相关函数和偏自相关函数图以 ADF 单位根检验其方差、趋势及其季节性变化规律，对序列的平稳性进行识别。一般来讲，经济运行的时间序列都不是平稳序列。

（2）对非平稳序列进行平稳化处理。如果数据序列是非平稳的，并存在一定的增长或下降趋势，则需要对数据进行差分处理，如果数据存在异方差，则需对数据进行技术处理，直到处理后的数据的自相关函数值和偏相关函数值无显著地异于零。

（3）根据时间序列模型的识别规则，建立相应的模型。若平稳序列的偏相关函数是截尾的，而自相关函数是拖尾的，可断定序列适合 AR 模型；若平稳序列的偏相关函数是拖尾的，而自相关函数是截尾的，则可断定序列适合 MA 模型；若平稳序列的偏相关函数和自相关函数均是拖尾的，则可断定序列适合 ARMA 模型。

（4）进行参数估计，检验是否具有统计意义。

（5）进行假设检验，诊断残差序列是否为白噪声。

（6）利用已通过检验的模型进行预测分析。

5.4　焦作市生态足迹计算分析及预测

5.4.1　数据来源及研究时段数据处理说明

考虑到为了保证数据来源以及资料可获得方式的准确性，本书采用了 2012～2018 年连续时间序列的相关数据，并对焦作市生态足迹进行了研究。近几年，焦作市在经济转型时期如何正确处理经济发展与生态环境的关系成为本书研究的重点内容。本书研究中涉及的各项基本数据来源于《2012 年河南省统计年鉴》《2018 年河南省统计年鉴》《2012 年焦作市统计年鉴》《2018 年焦作市统计年鉴》《2012～2018 年焦作市政府工作报告》《焦作市国土资源规划统计资料》《环境公报》及《国民经济社会发展公报》。

根据上述部分对生态足迹的来源、概念、理论及计算方法，运用相关的统计资料对焦作市2012～2018年的生态足迹进行动态计算，生态足迹计算过程主要分为两部分：第一，生物资源的消耗；第二，能源的消耗。生物资源的消耗部分主要包括研究范围内历年的农产品、林产品、动物产品及木材等几类消费项目；能源消耗的部分主要是根据研究范围内历年的统计资料对原煤、洗精煤、焦炭、汽油、原油、柴油、燃料油、电力和热力等几种主要能源的计算得到的消耗数据。计算中没有对进出口贸易的调整进行考虑，主要是因为，一方面，进出口中生态足迹所占比例不大，以2016年的中国为例，其进出口中所携带的生态足迹所占比例分别为8.9%、10.5%，通过贸易平衡后，其贸易部分对生态足迹的影响比例仅为1.6%,[①] 焦作市作为中原城市其发展程度和东部地区还有一定差距，因此，可认为焦作市当前以自身的自然资源消耗为基础；另一方面，在于难以获得详尽的数据。对国际贸易调整的考虑并不能得到区域的净消耗量，如果考虑各省、各市之间的贸易影响则需更加全面详细的数据，而这些数据目前还无法获取。因此，在计算生态足迹过程中更偏向于对一定区域中获取生物量所需的生物生产性土地面积的计算。

为了保证计算结果具有区域可比性，在生物资源的生产面积进行折算过程中，则采用1993年联合国粮农组织对生物资源计算的世界平均产量的资料，进而将焦作市2012～2018年的生物资源的消耗转化为提供该种消费所需的生物生产性土地面积，最后得出焦作市历年的生物资源消耗部分的生态足迹。计算能源资源的消耗时以世界上单位化石的能源土地面积相应的平均发热量为参考标准，将当地的能源消耗热量按照相应标准折算得到一定的化石能源土地面积，计算出焦作市2012～2018年的能源资源消耗部分的生态足迹。最后，通过对焦作市2012～2018年的能源资源及生物资源的计算对所得出的各种类型的生产面积进行汇总，并乘以相对应的均衡因子，最终得出按世界平均标准的生态空间所进行计算的焦作市2012～2018年的生态足迹。

---

① 资料来源：《中国经济贸易年鉴（2016）》。

5.4.2　焦作市生态足迹计算分析

5.4.2.1　焦作市 2012～2018 年生态足迹需求的计算分析

（1）焦作市 2012～2018 年生态足迹需求的计算。本书以焦作市 2012 年为例计算焦作市生态足迹的实际需求，根据《河南省统计年鉴 2012》《焦作市统计公报》等相关统计数据，整理计算出焦作市 2012 年的生物资源生产量及能源资源消耗量，然后按照生态足迹计算公式（5.1）～公式（5.5）算出焦作市 2018 年的人均生态足迹总量。同理得出焦作市 2012～2018 年生态足迹汇总。具体如表 5.4 至表 5.8 所示。

表 5.4　　　　　　　　　焦作市 2018 年生物资源消费账户

资源类型	全球平均产量（千克/公顷）	焦作市生物量（10^4 吨）	总生态足迹（公顷）	人均生态足迹（公顷/人）	生物生产土地性类型
农产品					
稻谷	2744	4.52	16472.3032	0.0047	耕地
小麦	2744	108.17	394205.5394	0.1120	耕地
玉米	2744	88.3	321793.0029	0.0914	耕地
豆类	1586	1.29	8133.6696	0.0023	耕地
薯类	12607	2.45	1943.3648	0.0006	耕地
油料	1856	9.2	49568.965	0.0141	耕地
棉花	1000	0.21	2100.0000	0.0006	耕地
蔬菜	18000	233.87	129927.77	0.0369	耕地
畜产品					
猪肉	74	12.2	1648648.6	0.4684	草地
牛肉	33	2.74	830303.03	0.2359	草地
羊肉	33	0.46	139393.93	0.0396	草地
禽肉	457	4.62	101094.09	0.0287	草地
奶类产量	502	24.8575	495169.32	0.1407	草地
山羊毛	15	0.0054	3600.0000	0.0010	草地

续表

资源类型	全球平均产量（千克/公顷）	焦作市生物量（10⁴ 吨）	总生态足迹（公顷）	人均生态足迹（公顷/人）	生物生产土地性类型
畜产品					
绵羊毛	15	0.0375	25000.000	0.0071	草地
蜂蜜	72	0.0091	1263.8889	0.0004	草地
禽蛋	400	29	725000.00	0.2060	草地
林产品					
水果	3500	31.4156	89758.857	0.0255	林地
水产品					
水产品	29	1.537	530000.00	0.1506	水域

表 5.5　　　　　　　　　　焦作市 2018 年能源资源消费账户

能源类别	全球平均能源（吉焦/公顷）	折算系数（吉焦/吨）	焦作市消费量（10⁴ 吨）	人均消费量（吉焦/人）	人均生态足迹（公顷/人）	生态面积类型
原煤	55	20.943	1457.85	86.7379	1.5771	化石能源用地
焦炭	55	28.47	48.50	3.9227	0.0713	化石能源用地
柴油	93	42.705	3.98	0.4829	0.0052	化石能源用地
燃料油	71	50.2	1.39	0.1982	0.0028	化石能源用地
热力	1000	36.109	2788.28	286.0284	0.2860	建筑用地
电力	1000	29.344	175.66	14.6437	0.0146	建筑用地

表 5.6　　　　　　　　　　焦作市 2018 年生态足迹汇总

土地类型	人均生态足迹（公顷/人）	均衡因子	均衡面积（公顷/人）	构成比例（%）
耕地	0.2625	2.8	0.7350	18.28
林地	0.0255	1.1	0.0281	0.70
草地	1.1277	0.5	0.5639	14.02
水域	0.1506	0.2	0.0301	0.75
化石能源用地	1.6564	1.1	1.8220	45.31
建筑用地	0.3007	2.8	0.8420	20.94
人均生态足迹总量（公顷/人）			4.0210	
焦作市生态足迹总量（公顷）			14153920	

表 5.7　　　　　　　　　焦作市 2012～2018 年人均生态足迹构成比例　　　　　单位：%

项目	2012 年	2013 年	2014 年	2015 年	2016 年	2017 年	2018 年
耕地	14.83	16.46	15.66	15.01	14.77	16.00	18.28
林地	0.55	0.62	0.60	0.58	0.58	0.63	0.70
草地	12.91	10.78	10.43	11.15	11.09	12.25	14.02
水域	0.29	0.63	0.54	0.52	0.59	0.66	0.75
化石能源用地	57.89	66.00	67.52	59.92	57.21	52.26	45.31
建筑用地	13.53	5.51	5.25	12.82	15.77	18.20	20.94

表 5.8　　　　　　　　　焦作市 2012～2018 年人均生态足迹汇总

项目	人均生态足迹（公顷/人）						
	2012 年	2013 年	2014 年	2015 年	2016 年	2017 年	2018 年
耕地	0.6740	0.7070	0.7087	0.7160	0.7106	0.7137	0.7350
林地	0.0249	0.0271	0.0272	0.0276	0.0277	0.0279	0.0281
草地	0.5870	0.4721	0.4719	0.5317	0.5337	0.5461	0.5639
水域	0.0132	0.0277	0.0243	0.0248	0.0282	0.0293	0.0301
化石能源用地	2.6324	2.8916	3.0548	2.8578	2.7529	2.3307	1.8220
建筑用地	0.6154	0.2414	0.2377	0.6112	0.7591	0.8117	0.8420
合计	4.5469	4.3669	4.5246	4.7691	4.8122	4.4594	4.0210

注：表中人均生态足迹是乘以相应均衡因子后所得的均衡数据。

（2）焦作市 2012～2018 年生态足迹需求的分析。本书主要从两个方面对焦作市 2012～2018 年生态足迹进行分析。一方面，对各个生态足迹子项进行分析；另一方面，对生态足迹整体趋势进行分析。

第一，对耕地子项的分析。从图 5.2、表 5.8 中可以看出，焦作市耕地的人均生态足迹从 2012 年的 0.6740 公顷/人上升到 2018 年的 0.7350 公顷/人，增加了 0.0610 公顷/人，增长率为 9.05%，平均增长 1.29%，耕地的生态足迹整体比较平缓，呈现略微波动式上升趋势。在研究范围内，最小值出现在 2012 年为 0.6740 公顷/人，最大值出现在 2018 年为 0.7350 公顷/人，变化幅度非常小，仅为 0.0610 公顷/人，整体的平均值为 0.7093 公顷/人。耕地的生态足迹整体变化不大，2012～2018 年耕地生态足迹呈现上述趋势，说明随着经济发展以及人民生活水平的提高，人们对农产品如稻谷、玉米、蔬菜等的实际需求并没有出现明显的增加。这主要有以下两方面原因：一方面，随着人们生活水平的提高，其对生物资源的消费需求结构也发生了相应的变化，逐渐减少了对农副产品的依存度，因此，对农产品的实际需求并没有很大变化；另一方面，人们对农产品相应的需求弹性比较小，不会因为其当时经济的迅速发展而改变对农产品的需求结构产生比较大的需求。

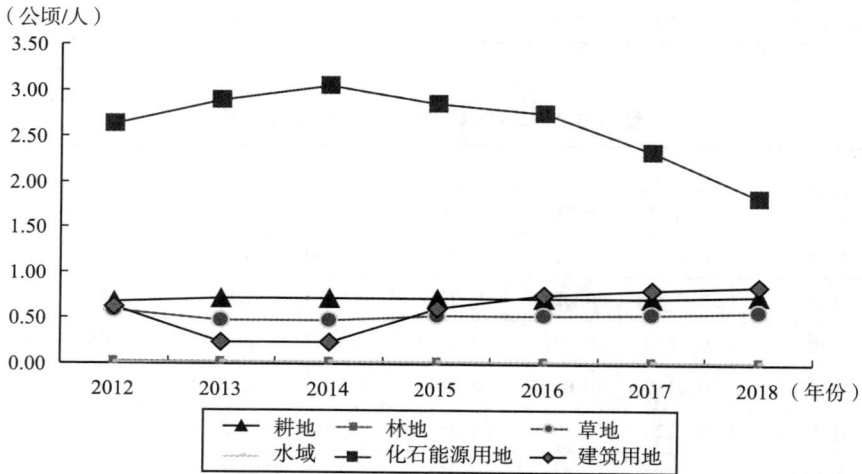

图 5.2　焦作市 2012～2018 年各类生物生产性土地的生态足迹变化折线

　　第二，对林地子项的分析。从图 5.2、表 5.8 中可以看出，焦作市林地的人均生态足迹从 2012 年的 0.0249 公顷/人上升到 2018 年的 0.0281 公顷/人，增加了 0.0032 公顷/人，增长率为 12.85%，平均增长 1.84%，林地生态足迹呈逐渐上升趋势，但在生态足迹构成中整体处于较低水平，曲线处于底部接近于 0 附近。在研究范围内，最小值出现在 2012 年为 0.0249 公顷/人，最大值出现在 2018 年为 0.0281 公顷/人，变化幅度较小，值为 0.0032 公顷/人，整体的平均值为 0.0272 公顷/人，一方面，说明林地所占比重比较小，对焦作市整体的生态足迹影响不大；另一方面，本书选取林地的主要构成指标是水果，2012～2018 年林地生态足迹整体呈现上述趋势，说明随着经济发展以及人们生活水平的不断提高，对水果的需求量呈稳步增长趋势。

　　第三，对草地子项的分析。从图 5.2、表 5.8 中可以看出，焦作市草地的人均生态足迹从2012年的0.5870公顷/人下降到2018年的0.5639公顷/人，减少了0.0231公顷/人，草地生态足迹整体有所减少，呈波动式下降趋势。在研究范围内，最小值出现在2014年为0.4719公顷/人，最大值出现在2012年为0.5870公顷/人，变化幅度较小，值为0.1151公顷/人，整体的平均值为公顷/人，通过对本书选取草地的主要构成指标中猪肉、牛肉、羊肉以及禽肉占草地生态足迹的70.58%，因此，草地生态足迹的减少主要是对肉类产品需求减少的缘故。2012～2018年草地生态足迹整体呈现上述趋势，说明随着经济发展以及人们生活水平的不断提高，人们对占据草地足迹主要部分的肉类产品需求有所减少，而对禽蛋、奶类制品的需求有所增加。

第四，对水域子项的分析。从图5.2、表5.8中可以看出，焦作市水域的人均生态足迹从2012年的0.0132公顷/人增加到2018年的0.0301公顷/人，增加了0.0169公顷/人，增长率为128.03%，在六种土地类型中增长最快，草地生态足迹呈迅速增长趋势，但由于水域占生态足迹的比重整体比较小，因此，整体处于较低水平，所以出现曲线处于底部，在0附近。在研究范围内，最小值出现在2012年为0.0132公顷/人，最大值出现在2018年为0.0301公顷/人，变化幅度较小，值为0.0169公顷/人，整体的平均值为0.0254公顷/人，但增长率较快。2012～2018年水域生态足迹整体呈现上述趋势，说明人们对水产品的需求越来越大。

第五，对化石能源用地子项分析。从图5.2、表5.8中可以看出，化石能源用地的生态足迹整体处于较高水平，曲线位于最上方，在研究范围内，其均值占据焦作市生态足迹整体的58.02%，曲线处于波动式下滑趋势。从2012年的2.6324公顷/人下降到2018年的1.8220公顷/人，减少了0.8104公顷/人，通过本书选取的化石能源用地的构成指标中可以看出，原煤占据90%以上。2012～2018年化石能源用地生态足迹整体呈现上述趋势，一方面，说明焦作市的能源消费结构还是以原煤为基础；另一方面，说明焦作市在成功转型后逐渐依靠新技术、新能源来改变以往的消费模式，逐渐走上发展经济与保护环境并重的集约化生态之路。

第六，对建筑用地子项分析。从图5.2、表5.8中可以看出，焦作市建筑用地的人均生态足迹从2012年的0.6154公顷/人增加到2018年的0.8420公顷/人，增加了0.2266公顷/人，增长率为36.82%，建筑用地生态足迹整体波动上升趋势。在研究范围内，最小值出现在2013年为0.2414公颗/人，最大值出现在 2018 年为 0.8420 公顷/人，通过本书选取的化石能源用地的构成指标中可以看出，原煤占据 90% 以上。2012～2018 年建筑用地生态足迹整体呈现上述趋势，说明焦作市经济发展主要靠热力，对热力、电力的需求不断增加。

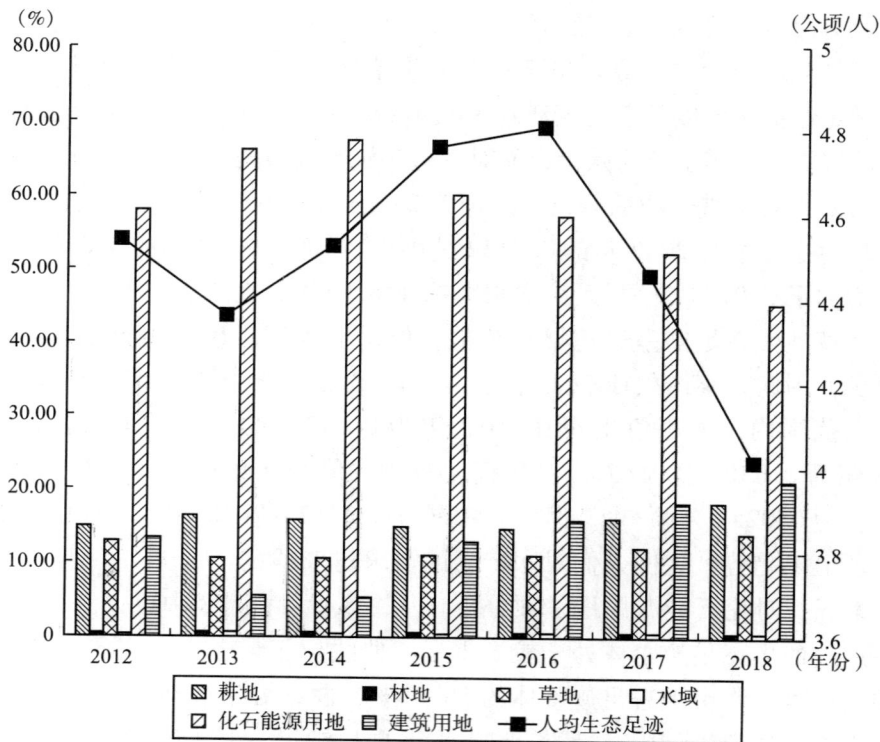

图 5.3　焦作市 2012～2018 年人均生态足迹及各子项比重趋势

从图 5.3、表 5.8 中可以明显看出，焦作市化石能源占地面积最大，均值比例达 58.01%，其次是耕地、建筑用地、草地、林地和水域用地，占人均生态足迹面积的比例依次为 15.86%、13.15%、11.80%、0.61%、0.57%。从动态变化趋势来看，2012～2018 年焦作市耕地、林地、水域的比重不断上升，草地和建筑用地呈现先下降后上升的趋势，化石能源用地呈现先上升后下降的趋势，下降幅度最大。这说明焦作市以工业立市，随着成功转型，不断减少对能源的依赖程度，大力调整产业结构，更加注重经济与环境保护协调发展。

由图5.3、表5.8中可以看出，2012～2018年焦作市人均生态足迹整体呈下降趋势，由2012年的4.5469公顷/人下降到2018年的4.0210公顷/人，下降了0.5259公顷/人。而焦作市的GDP由2012年的699.10亿元增加到2018年的1551.35亿元，这表明在经济增长、人民生活水平不断提高的同时注重可持续发展，环境压力有所缓和。

经过进一步分析，焦作市2012～2018年的人均生态足迹可分为3个阶段。第一阶段：2012～2013年，人均生态足迹由4.5469公顷/人下降到4.3669公顷/人；第二阶段：2013～2016年，人均生态足迹由4.3669公顷/人增加到4.8122公顷/人；第三阶段：2016～2018年，人均生态足迹由4.8122公顷/人下降到4.0210公顷/人，其中2016年的生态足迹达到研究阶段内的最高值。分析原因主要有两方面：一方面，焦作市生态足迹变化趋势和焦作市人口变化趋势一致，说明人口是影响生态足迹变动的主要因素之一，所以要想控制人均生态足迹的增长就要控制人口规模，调整人口结构；另一方面，与焦作市的产业结构及发展战略有很大关系，焦作市自转型以来，不断加大发展高新技术产业及旅游业等能源消费低、产出高的产业。因此，焦作市的人均生态足迹整体呈下降趋势。其中，2012～2018年第三产业的贡献率依次为26.93%、26.26%、25.04%、23.72%、23.22%、23.20%和24.65%，[①] 变化趋势与焦作市人均生态足迹的第三阶段基本吻合。

5.4.2.2　焦作市2012～2018年生态承载力的计算分析

（1）焦作市2012～2018年生态承载力的计算，如表5.9～表5.11所示。

表5.9　　　　　　　　　　焦作市2018年生态承载力汇总

土地类型	人均面积（公顷/人）	均衡因子	产量因子	均衡面积（公顷/人）	构成比例（%）
耕地	0.0548	2.8	2.69	0.4128	68.02
林地	0.0141	1.1	1.74	0.0270	4.45
草地	0.0002	0.5	0.19	0.0000	0.00

----

① 资料来源：《焦作市统计年鉴（2012～2018）》。

续表

土地类型	人均面积（公顷/人）	均衡因子	产量因子	均衡面积（公顷/人）	构成比例（%）
水域	0.0035	0.2	36.33	0.0254	4.19
化石燃料用地	0	1.1	0	0.0000	0.00
建筑用地	0.0188	2.8	2.69	0.1416	23.34
人均生态承载力总量（公顷/人）				0.6068	
扣除12%生物多样性保护面积后可利用的生态承载力				0.5340	

表 5.10　　　　　　焦作市 2012～2018 年人均生态承载力构成比例　　　　　单位：%

项目	2012 年	2013 年	2014 年	2015 年	2016 年	2017 年	2018 年
耕地	70.8	70.30	70.36	70.27	70.16	70.04	67.43
林地	4.35	4.55	4.54	4.61	4.70	4.74	4.51
草地	0.00	0.00	0.00	0.00	0.00	0.00	0.00
水域	0.58	1.13	1.00	1.02	1.20	1.23	4.88
化石燃料用地	0.00	0.00	0.00	0.00	0.00	0.00	0.00
建筑用地	24.2	24.02	24.09	24.10	23.94	23.99	23.17

表 5.11　　　　　　　　焦作市 2012～2018 年生态承载力汇总

项目	人均生态承载力（公顷/人）						
	2012 年	2013 年	2014 年	2015 年	2016 年	2017 年	2018 年
耕地	0.4233	0.4210	0.4180	0.4173	0.4097	0.4112	0.4128
林地	0.0276	0.0276	0.0274	0.0272	0.0268	0.0268	0.0270
草地	0.0000	0.0000	0.0000	0.0000	0.0000	0.0000	0.0000
水域	0.0262	0.0254	0.0254	0.0254	0.0247	0.0251	0.0254
化石能源用地	0.0000	0.0000	0.0000	0.0000	0.0000	0.0000	0.0000
建筑用地	0.1446	0.1439	0.1431	0.1431	0.1401	0.1408	0.1416
合计	0.6217	0.6179	0.6140	0.6130	0.6014	0.6041	0.6068
可利用承载力	0.5471	0.5438	0.5403	0.5394	0.5292	0.5316	0.5340

注：草地面积由于占比太小，经计算忽略为 0；由于化石能源用地在本书中指的是专门用来吸收 CO_2 的土地，在实际中不存在这样的土地，所以按照国内外的惯例，面积按零处理。

（2）焦作市 2012～2018 年生态承载力的分析。本书主要从两个方面对焦作市 2012～2018 年生态承载力进行分析。一方面，对各个生态承载力子项进行分析；另一方面，对生态承载力整体趋势进行分析。

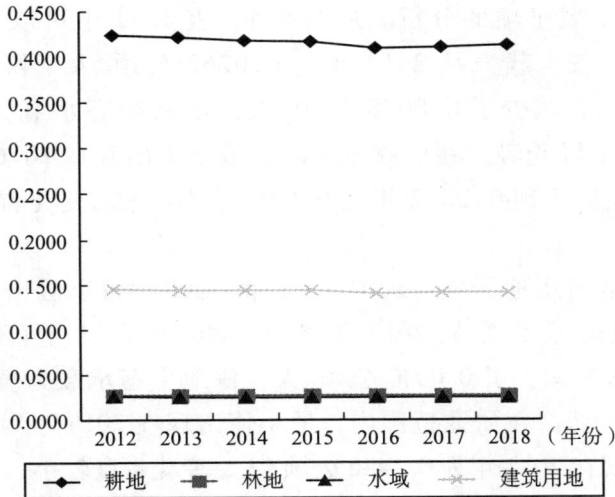

图 5.4 焦作市 2012～2018 年各类生物生产性土地的承载力折线

由图 5.4 可以明显看出，焦作市 2012～2018 年人均生态承载力的子项每一项都呈现略微下降趋势，整体下降不明显。其中耕地承载力曲线位于最上方，在六大土地类型中所占比重最大；建筑用地位居第二，承载力的比重相当于耕地比重的 1/3；林地和水域变化趋势基本一致，两者数值接近，曲线位于最下方。

第一，对耕地子项的分析。从图 5.4、表 5.11 中可以看出，焦作市耕地的人均生态承载力从 2012 年的 0.4233 公顷/人下降到 2018 年的 0.4128 公顷/人，减少了 0.0105 公顷/人，耕地生态承载力整体有所减少，呈波动式下降趋势。在研究范围内，最小值出现在 2016 年为 0.4097 公顷/人，最大值出现在 2012 年为 0.4233 公顷/人，变化幅度较小，在六大土地类型生态承载力变化中变化最明显，居第一位。

第二，对林地子项的分析。从图 5.4、表 5.11 中可以看出，焦作市林地的人均生态承载力从 2012 年的 0.0276 公顷/人下降到 2018 年的 0.0270

公顷/人,减少了 0.0006 公顷/人,耕地生态承载力整体有所减少,呈波动式下降趋势。在研究范围内,最小值出现在 2016 年、2017 年为 0.0268 公顷/人,最大值出现在 2012 年、2013 年为 0.0276 公顷/人,变化幅度位居耕地、建筑用地、水域之后,位居最后。

第三,对水域子项的分析。从图 5.4、表 5.11 中可以看出,焦作市水域的人均生态承载力从 2012 年的 0.0262 公顷/人下降到 2018 年的 0.0254 公顷/人,减少了 0.0008 公顷/人,水域生态承载力整体有所减少,呈波动式下降趋势。在研究范围内,最小值出现在 2016 年为 0.0247 公顷/人,最大值出现在 2012 年为 0.0262 公顷/人,变化幅度次于耕地,建筑用地之后。

第四,对建筑用地子项。从图 5.4、表 5.11 中可以看出,焦作市建筑用地的人均生态承载力从 2012 年的 0.1446 公顷/人下降到 2018 年的 0.1416 公顷/人,减少了 0.0030 公顷/人,耕地生态承载力整体有所减少,呈波动式下降趋势。在研究范围内,最小值出现在 2016 年为 0.1401 公顷/人,最大值出现在 2012 年为 0.1446 公顷/人,变化幅度较小,仅次于耕地。

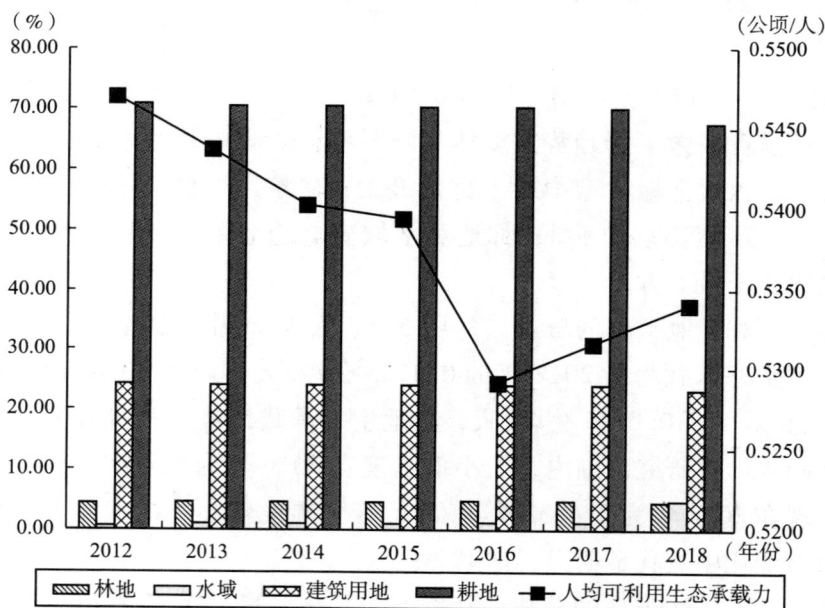

图 5.5　焦作市 2012~2018 年人均生态承载力及各子项比重趋势

由图5.5、表5.11中可以明显看出，焦作市2012～2018年人均生态承载力中各子项所占的比重。其中耕地所占比重最大，均值比例达69.92%，其次是建筑用地、林地、水域，占人均生态承载力的均值比重依次为23.93%、4.57%、1.58%。其中人均生态承载力耕地和建筑用地子项占人均生态承载力的比重高达93.85%，焦作市耕地、建筑用地的比重不断下降，耕地的下降幅度最大，林地的比重呈上升趋势。这说明焦作市提高生态承载力的关键在于保护好耕地及建筑用地，同时，林地和水域的上升空间很大，不容忽视。

由图5.5、表5.11中可以看出，焦作市2012～2018年人均生态承载力整体呈下降趋势，由2012年的0.5471公顷/人到2018年的0.5340公顷/人，下降了0.0131公顷/人。这说明经济发展的同时环境问题也刻不容缓。

经过进一步分析，焦作市2012～2018年的人均生态承载力可分为2个阶段。第一阶段：2012～2016年，人均生态承载力由0.5471公顷/人下降到0.5292公顷/人；第二阶段：2016～2018年，人均生态承载力由0.5292公顷/人增加到0.5340公顷/人。这说明焦作市在前期发展经济的同时对生态环境造成一定的压力，导致生态承载力下降，而后期注重发展经济与保护生态并重，使生态承载力有所回升。

5.4.2.3 焦作市2012～2018年生态盈余/生态赤字计算分析

（1）焦作市2012～2018年生态盈余/生态赤字的计算。

表5.12 焦作市2012～2018年生态赤字/盈余汇总

年份	人均生态足迹（公顷/人）	总人口（万人）	生态足迹总量（公顷）	人均可利用承载力（公顷/人）	生态赤字/盈余（公顷/人）
2012	4.5469	343	15595867	0.5471	3.9998
2013	4.3669	345	15065805	0.5438	3.8231
2014	4.5246	347	15700362	0.5403	3.9843
2015	4.7691	348	16596468	0.5394	4.2297
2016	4.8122	354	17035188	0.5292	4.2830
2017	4.4594	353	15741682	0.5316	3.9278
2018	4.0210	352	14153920	0.5340	3.4870

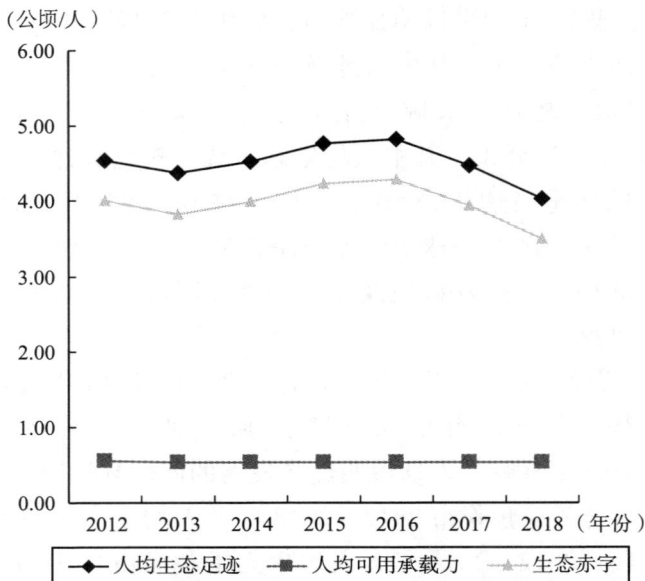

图 5.6　焦作市 2012～2018 年人均生态足迹及承载力变化折线

（2）焦作市 2012～2018 年生态盈余/生态赤字的分析。由图 5.6、表 5.12 中可以看出，焦作市 2012～2018 年的人均生态足迹和生态赤字的变化趋势一致，都处于较高位置，而生态承载力整体比较平稳，略微下降，幅度不大。生态赤字的曲线呈波动式变化，总体虽呈下降趋势，但在研究范围内，一直连续处于赤字状态，由 2012 年的 3.9998 公顷/人到 2018 年的 3.4870 公顷/人，下降了 0.5128 公顷/人。

经过进一步分析，焦作市 2012～2018 年的生态赤字可分为 3 个阶段。第一阶段：2012～2013 年，生态赤字由 3.9998 公顷/h 下降到 3.8231 公顷/h；第二阶段：2013～2016 年，生态赤字由 3.8231 公顷/h 增加到 4.2830 公顷/h；第三阶段：2016～2018 年，生态赤字由 4.2830 公顷/h 下降到 3.4870 公顷/h，其中 2016 年的生态赤字达到研究阶段内的最高值。

通过上述分析，说明焦作市 2012～2018 年整体处于不可持续的发展状态，对资源的利用不合理，处于不可持续的利用状态，随着经济的发展，人们的生产生活对生态系统造成一定压力，趋势虽有所缓和，但整体压力水平比较高，亟待缓和。分析造成上述问题的原因有以下几点：焦作市人口众多尤其是城市人口的过快增长导致了生态足迹的增长；随着生活水的提高，对资源、能源的需求不断增大；在产业结构发展中，高新技术所占比重较少，发展经济还是依托加大资源的投入，导致资源、能源的需求上升，生态足迹加大。

由于资源总量原因，人均可利用生态承载力总体变化不大，因此，要从根本上缓解生态赤字压力需要从人类活动对生物资源和能源的消耗着手，主要有以下几点：控制人口总量及城市人口数量，提高人口质量，减少资源消耗总量；增加科技投入，提高单位面积的生物产量，以较少的生态供给满足更多的生态需求；改变人们生产及生活的消费方式，提高资源利用率，转变生产发展方式，建立资源节约型及环境友好型社会。

5.4.2.4　焦作市 2012～2018 年万元 GDP 生态足迹及压力指数的计算分析

（1）焦作市 2012～2018 年万元 GDP 生态足迹及压力指数计算。

表 5.13　　　　焦作市 2012～2018 年万元 GDP 生态足迹及压力指数汇总

年份	人均生态足迹（公顷/人）	总人口（万人）	生态足迹总量（公顷）	人均生态承载力（公顷/人）	生态赤字/盈余（公顷/人）	GDP（亿元）	万元 GDP 生态足迹	压力指数
2012	4.5469	343	15595867	0.5471	3.9998	699.10	2.2308	8.31
2013	4.3669	345	15065805	0.5438	3.8231	856.00	1.7600	8.03
2014	4.5246	347	15700362	0.5403	3.9843	1031.59	1.5220	8.37
2015	4.7691	348	16596468	0.5394	4.2297	990.36	1.6758	8.84
2016	4.8122	354	17035188	0.5292	4.2830	1245.93	1.3673	9.09
2017	4.4594	353	15741682	0.5316	3.9278	1442.62	1.0912	8.39
2018	4.0210	352	14153920	0.5340	3.4870	1551.35	1.0961	7.53

（2）焦作市 2012～2018 年万元 GDP 生态足迹及压力指数的分析。

第一，焦作市 2012～2018 年万元 GDP 生态足迹的分析。通过前面的介绍，万元 GDP 的生态足迹越低，说明对资源的利用率则越高；反之则越低。由图 5.7、表 5.13 可以看出，焦作市 2012～2018 年的万元 GDP 生态足迹呈迅速下降趋势，其均值由 2012 年的 2.2308 到 2018 年的 1.0961，下降了 1.1347，下降率为 59.10%。这说明焦作市的资源效率在不断提高，其粗放型以能耗型的发展模式在向集约型、节约型逐步转变。其原因主要有以下几点：技术的提高，高科技的投入提高了资源利用效率，降低了资源和能源的消耗；产业结构的调整降低了对土地其生产力的依赖程度；人们生活方式和消费观念的转变。

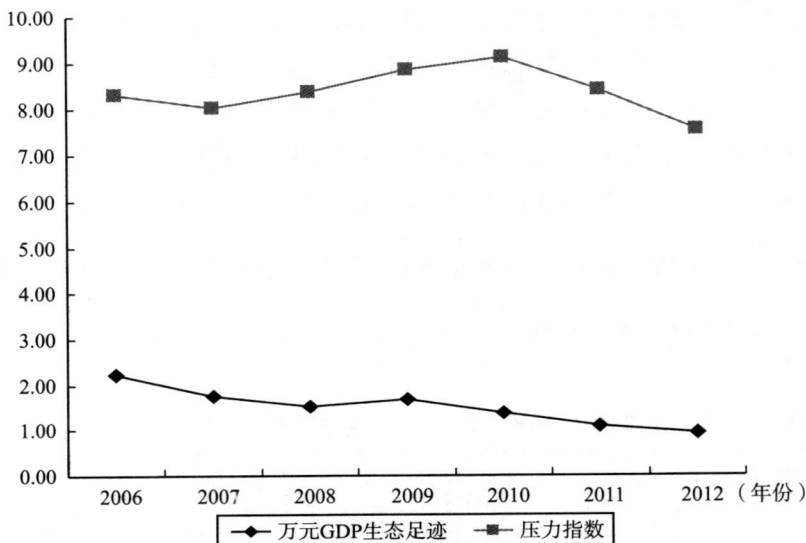

图 5.7　焦作市 2012～2018 年万元 GDP 生态足迹及压力指数折线

　　第二，焦作市 2012～2018 年压力指数的分析。为了更好更全面地反映焦作市的生态发展状况，本书还对焦作市 2012～2018 年压力指数进行了计算分析。由图 5.7、表 5.13 中可以看出，焦作市 2012～2018 年的压力指数呈现波动式下降趋势，但整体处于非常高的水平，其均值为 8.3670。大致趋势可以分为三阶段：第一阶段为 2012～2013 年，压力指数由 8.31 下降到 8.03；第二阶段为 2013～2016 年，压力指数由 8.03 上升到 9.09；第三阶段为 2016～2018 年，压力指数由 9.09 下降到 7.53。生态足迹的压力指数均远远大于 3，说明焦作市的生态资源出现十分严重的供不应求局面，生态安全问题亟待解决，虽有所缓和和改善，但基数比较大，当前情况不容乐观。

5.4.3　焦作市生态足迹趋势预测

以焦作市 2012～2018 年的生态承载力为例按照上述的方法和步骤对焦作市 2019～2022 年的生态足迹、生态承载力及生态赤字/盈余进行预测。本书通过焦作市 2012～2018 年生态足迹值，通过对初步建立的模型 ARIMA（2，1，0）、ARIMA（2，1，1）、ARIMA（2，0，0）、ARIMA（1，0，0）之间的比对和优化的模型，最终选取 ARIMA（2，1，0）模型对焦作市 2019～2022 年人均生态承载力进行模拟预测，预测结果和相对误差的变化情况如表 5.14 所示。

表 5.14　　　　　　　　　　　　ARIMA 模拟误差汇总表

年份 （Years）	实际值 （Actual value）	模拟值 （Simulation value）	相对误差（%） （Relative error < % >）	模拟精度（%） （Simulation precision < % >）
2012	0.5471	0.5468	0.05	99.95
2013	0.5438	0.5427	0.20	99.80
2014	0.5403	0.5395	0.15	99.85
2015	0.5394	0.5362	0.59	99.41
2016	0.5292	0.5350	1.10	98.90
2017	0.5316	0.5316	0.00	100.00
2018	0.5340	0.5319	0.39	99.61

从表 5.14 中可以看出，模型的拟合误差 0.36%，模拟精度高达 99.64%，并且残差随机分布在置信区间内，属于白噪声序列，说明所建立的模型合理。所以，按照同样的方法对焦作市的生态足迹、生态赤字/盈余分别进行预测（本预测方法只是根据以往历年的生态足迹的变化特点所进行的，不包括自然灾害及人为政策影响），预测结果如表 5.15、表 5.16、表 5.17 所示。

表 5. 15   焦作市 2019～2022 年人均生态足迹预测

项目	2019 年	2020 年	2021 年	2022 年
生态足迹预测值	3. 8179	3. 9205	4. 1363	4. 1480

表 5. 16   焦作市 2019～2022 年人均生态承载力预测

项目	2019 年	2020 年	2021 年	2022 年
生态承载力预测值	0. 5280	0. 5297	0. 5323	0. 5309

表 5. 17   焦作市 2019～2022 年人均生态赤字预测

项目	2019 年	2020 年	2021 年	2022 年
生态赤字预测值	3. 2809	3. 3709	3. 5626	3. 5468

第 6 章

资源枯竭型城市生态转型中的高新技术产业发展能力评价——以焦作市为例

6.1 资源枯竭型城市高新技术产业发展环境的 SWOT 分析

对于资源枯竭型城市来说，其高新技术产业发展的外部环境有其自身的特殊性，产业的内外部环境是高新技术企业的发展重要因素之一。本书以焦作市为例，考虑资源枯竭型城市的特殊性，运用 SWOT 分析法对焦作市高新技术产业发展的内外部环境进行分析。

SWOT 分析法也就是态势分析，20 世纪 80 年代由美国旧金山大学管理学教授斯泰纳（Steiner）提出，常用于企业制定战略决策、分析产业内外部环境等方面。SWOT 分析，包括分析产业发展的优势（strengths）、劣势（weaknesses）、机会（opportunities）和威胁（threats）。运用 SWOT 分析法可以对资源枯竭型城市高新技术企业的发展进行全面、系统和准确的研究，在下一步的发展计划中，弥补自身的劣势，抓住机遇，提出更加有效的发展对策。

表 6.1 为焦作市高新技术产业发展环境的 SWOT 分析。

表 6.1　　　　　　焦作市高新技术产业发展环境的 SWOT 分析表

优势	劣势	机会
1. 区位优势 2. 地区政策优势 3. 科教资源优势	1. R&D 经费投入不足 2. 企业创新能力不足 3. 政策体系不完善	1. 国家政策带来机遇 2. 国家双创战略的引领 3. 市场需求旺盛

S－O 战略	W－O 战略	威胁
1. 培育龙头企业 2. 加强区域合作 3. 加强产业孵化	1. 完善金融体系 2. 加大政策优势	1. 市场竞争加剧 2. 对新技术的高要求 3. 产品更新速度快

S－T 战略	W－T 战略	
1. 加快产学研一体化建设 2. 合理配置资源	1. 提高创新能力 2. 完善人才引进机制	

6.1.1　发展优势

6.1.1.1　区位优势

焦作市位于河南省的西北部，北依太行，南临黄河，东临新乡，西接洛阳，自古以来就是河南省重要的物资集散地区。焦作市境内有焦枝、焦太、焦新、月侯四条铁路线以及月山、待王两个较大的货运编组站，交通十分便利。焦作市公路四通八达，有郑焦晋高速公路、新焦济高速公路、济洛高速公路、焦温高速公路穿境而过，地方高速公路与国家干线高速公路互相连通，已经实现了"县县通高速""乡乡通二级"，公路密度远高于全省和全国平均水平。此外，焦郑城际铁路的开通将焦作市与郑州市的距离缩短为半小时，使得焦作市的交通更加便利。

6.1.1.2　地区政策优势

作为国务院认证的首批资源枯竭型城市之一，焦作市煤炭资源的枯竭已经严重阻碍了城市经济的发展，在这样的情况下，转型是必然选择。发展高新技术产业作为解决资源枯竭问题的主要途径之一，焦作市政府给予了大力支持。2011 年焦作市认证了首批 28 家市级高新技术企业，逐渐开始发展高新技术产业。2017 年 6 月，焦作市人民政府颁布了《焦作市人民政府办公室关于加快焦作国家高新技术产业开发区发展的实施意见》。同年 8 月，焦作市人民政府又颁布了《焦作市人民政府关于印发焦作市加快高新技术企业培育行动方案（2017～2020）的通知》。在焦作市人民政府的大力支持下，焦作市高新技术产业的发展呈现良好势头。截至 2018 年末，焦作市共有国家级企业技术中心 5 家，省级企业技术中心 69 家，高新技术企业已经超过 100 家。①

6.1.1.3　科教资源优势

2004 年，焦作市被认定为国家第一批技术创新工程示范城市，区内有河南理工大学、焦作师专、焦作大学等 5 所普通高校，院士工作站 17 个以及多个科研机构。其中，河南理工大学和焦作师专更是有着百年的办学历史。2017 年 8 月，河南理工大学科技园正式开园，主要依托于河南理工大学的科研、人才优势以及城乡一体化示范区的政策和服务优势，坚持"政府主导、高校支撑、企业主体、市场运作"的基本思路，打造焦作的人才高地、创新高地、创业高地和科技高地。依托于丰富的科教资源，焦作市不断加大与高校的产学研合作力度，其中，河南理工大学的创客空间已经成为河南省的创业示范基地，科教资源优势为焦作市发展高新技术产业提供了强大的科研支持。

6.1.2　发展劣势

6.1.2.1　R&D 经费投入不足

近年来，焦作市高新技术产业有了一定的发展，截至 2018 年，焦作市拥有科研机构 212 个，科研活动人员 16335② 人。由于高新技术产业高投资、高收益的特点，R&D 经费的投入与高新技术产业的发展息息相关。2018 年焦作市 R&D 支出经费为 38.94 亿元，在河南省排第五，R&D 经费强度为 1.7%，远低于河南省经费投入强度。就 2018 年焦作市 R&D 经费强度来说，焦作市高新技术产业还处于初期阶段，政府应该进一步增加 R&D 经费投入推进高新技术产业快速发展。同时，由于高新技术产业高风险，回收期长的特点，科研经费的投入不能在短时间内获得回报。因此，刚刚

---

①②　资料来源：《焦作市统计年鉴（2018）》。

起步的中小型企业大多面临着融资困难的问题,这就大大限制了高新技术产业的发展。R&D 经费的不足使得一些高技术、前景好的高新技术项目不能实现产业化。

6.1.2.2 企业创新能力不足

科技创新是发展高新技术产业的关键,是地区可持续发展的关键动力。2017 年焦作市出台了《焦作市科技创新奖励资金管理暂行办法》《焦作市科技重大专项管理暂行办法》等政策促进高新技术企业提高科技创新能力,焦作市企业的科技创新能力有了一定的提高。但是,与其他地区相比,焦作市是一个典型的煤炭资源型城市,其思维模式和管理模式已经固化,企业缺乏创新意识。此外,焦作市高新技术产业还处于初期阶段,大多数企业都是中小型企业,其自主创新能力还存在着明显的不足,产品也多数是技术引进,以模仿为主,企业自主研发的新产品较少,部分企业还未建立专门的研发部门。因此,企业缺乏创新型高新技术产品成为制约焦作市高新技术产业发展的主要问题。

6.1.2.3 政策体系不完善

政府的政策体系是高新技术产业发展的重要支撑,是促进高新技术产业快速发展的重要因素。20 世纪 70 年代以来,利用政策手段来推动高新技术产业发展已经成为主流。为了促进高新技术企业的发展,焦作市先后出台了多项政策,但这些政策并不完善,缺少一个完整的体系。一方面是人才引进机制不完善,科技创新需要依靠人才来实现,因此,完善的人才引进机制必不可少。高新技术产业是知识密集型产业,需要大量的科研人才才能完成技术和产品的研发,拥有人才才能给企业带来源源不断的动力,推动产业不断发展。另一方面是企业的融资问题,高新技术产品的研发通常伴随着种种不确定性,企业的担保能力不足,又缺乏外部的担保机制,融资机构大多根据企业的担保能力来确定企业的放贷规模,这就导致了企业的融资问题。大多数企业面临着融资规模小,资金不能满足科技创新的需求,这就严重影响了高新技术企业的发展。

6.1.3　发展机会

6.1.3.1　国家政策带来机遇

焦作市处于多种国家政策叠加的时期，火炬计划、中部崛起战略、国家高新技术产业开发区等国家政策都为焦作市高新技术产业的发展提供了良好的政策支持。1988年，由中国政府批准实施火炬计划，这是一项发展中国高新技术产业的指导性计划，是促进高技术、新技术研究成果商品化，推动高技术、新技术产业形成和发展的部署和安排。2004年，温家宝总理提出中部崛起战略，也就是要促进中国中部经济区包括河南省在内的六个省市共同崛起，强调要依托现有的基础，提升中部产业层次，推动工业化和城镇化，实现经济发展水平的显著提高。中国高新技术产业开发区是中国在一些知识与技术密集的城市和建立的发展高新技术的产业开发区。1999年，焦作市成立了高新技术产业开发区，2014年更名为城乡一体化示范区，经过20年的发展，进入新时代的示范区已经升级进入168个国家高新技术产业开发区的大家庭。

6.1.3.2　国家双创战略的引领

2015年，李克强总理在政府工作报告中提出要推动大众创业，万众创新。2018年9月，国务院发布了《关于推动创新创业高质量发展打造"双创"升级版的意见》。目前，双创理念已经逐渐深入人心，各地各部门纷纷响应，各种新产业、新模式、新业态不断涌现。"创新创业"是社会进步的永恒动力，"大众创业，万众创新"的目的就是要推动经济发展。一方面，可以通过万众创新创造出更好的高新技术产品，打造良好的市场环境，提高经济发展的质量；另一方面，通过大众创业增加市场主体，增加市场的动力和活力，推动经济快速发展。2017年8月，焦作市发布了《焦作市人民政府关于鼓励大众创业万众创新加快科技服务业发展的实施意见》，提出要加快推进"大众创业、万众创新"，营造良好的"双创生态环境"，激发全社会的创新能力和创业活力，打造焦作发展新引擎，增强发展新动力。

6.1.3.3　市场需求旺盛

党的十九大报告指出："要深化科技体制改革，建立以企业为主体、市场为导向，产学研深度融合的技术创新体系，促进科技成果转化"。"以市场为导向"就是说企业的科技创新活动和科技创新成果必须始终从市场需求的角度出发，了解消费者的需求，把企业发展的立足点和归宿点放到能不能满足消费者的需求上。而促进高新技术产业发展的原动力就是市场需求的拉动，对于资源枯竭型城市来说，高新技术产业是一个处于初创期和成长期的产业，消费者对高新技术产品的需求也在不断提升。这就为资源枯竭型城市发展高新技术产业提供了发展机遇，企业应该把握这个机遇，根据消费者的需求不断开发新产品，抢占市场份额，从而推动产业不断发展。

6.1.4　发展威胁

6.1.4.1　市场竞争加剧

随着科学技术的飞速发展，高新技术产品的创新步伐也逐渐加快，生命周期缩短，市场竞争逐渐加剧，高新技术企业不可避免地会受到来自各方面的压力，包括消费者，同类产品竞争以及替代产品。目前，为了促进经济的发展，提高核心竞争力，世界各国都在大力发展新兴产业和高新技术产业，随着国家对高新技术产业的重视，科技投入不断增加，各地区高新技术产业都取得了一定的发展。近年来，各地区在高新技术企业的培育、科学技术的研发、高技术人才的引进以及企业融资等方面出台了各项优惠政策，吸引企业家加入高新技术产业，这在一定程度上增加了企业间的竞争。

6.1.4.2　对新技术的高要求

高新技术产品的特殊性使得其对科学技术有着较高的要求，因而技术必须不断创新，而科学技术的不断创新也为新产品在成本和功能上提供了有力的技术支撑，但是随着经济社会的不断发展使消费者产生了对功能更强大、价格更合理的产品的需求。最近几年，国内高新技术产业发展良好，在创造经济效益的同时，高新技术产业在激烈的市场竞争中不断突破，这就更加促进科学技术的革新，对技术创新也有了越来越高的要求。

6.1.4.3　产品更新速度快

高新技术产品的更新换代是一个普遍存在的客观现实，产品的不断更新是产品结构更具鲜活力的象征，是经济、社会、科技等因素共同作用的结果。首先，科学技术的飞速发展为高新技术产业提供了可靠的技术支持，但科学技术更新较快，高新技术产品为适应市场的需求，其生命周期也明显缩短。其次，市场竞争的加剧对企业的研发能力和新产品的开发提出了更高的要求，高新技术企业需要准确捕捉市场需求的动向，根据市场需求及时调整。消费者往往会购买能满足他们需求的新产品，新产品的出现使得老产品的技术相对落后，从而表现出新产品挤占老产品市场，这对高新技术企业来说是一个巨大的挑战。

6.2　资源枯竭型城市高新技术产业 发展能力评价指标体系

6.2.1　指标体系构建的原则

在资源枯竭型城市转型的背景下，发展高新技术产业已经成为促进地区经济持续发展的主要途径，高新技术企业是产新技术产业的基础，在产业发展中发挥着重要作用。在构建高新技术产业发展能力的指标体系时，应当注意：第一，要从高新技术产业的定义出发，真实有效地反映高新技术产业的发展能力；第二，要考虑资源枯竭型城市转型的大环境下，揭示高新技术产业发展能力的内部因素和外部因素；第三，由于涉及高新技术产业发展能力的因素较多，要从多个角度来设计指标体系，准确反映高新技术产业的发展能力。因此，在建立高新技术产业发展能力的评价指标体系时，应遵循科学性、系统性、可比性以及静态与动态相结合等原则。

6.2.1.1 科学性原则

构建资源枯竭型城市高新技术产业发展能力评价指标体系必须科学全面地反映高新技术企业的发展能力。在设计评价指标时必须抓住最本质、最重要、最具代表性的东西，一方面，要符合统计学、经济学和管理学原理的要求；另一方面，指标的概念必须准确，含义必须清晰。在制定评价指标体系时必须经过反复研究、筛选和修改，指标概念要具有相对独立性，避免指标之间的重复。评价指标体系是对客观现实的描述，对客观实际的描述越简洁，越清晰，越符合实际，科学性就越强。因此，设计资源枯竭型城市高新技术产业发展能力的评价指标体系时，首先要考虑各个因素以及整体的科学性。

6.2.1.2 系统性原则

高新技术产业发展能力评价指标体系需要设计出合理的指标结构层次，要全面反映地区高新技术产业的发展能力，要对高新技术产业的发展能力进行全面评价。影响高新技术产业发展能力的因素有很多，对于它的评价不能只考虑单一因素，必须系统地设计各个指标层次，从全局出发考虑指标之间的相互联系，才能全面客观对其发展能力进行评价。构建资源枯竭型城市高新技术产业发展能力评价指标体系的目的是要全面准确地描述高新技术产业的发展能力，这就要求所构建的指标体系的覆盖面要广，将影响焦作市高新技术产业发展的所有主要因素考虑在内。因此，对高新技术产业发展能力的评价必须遵循系统性原则，构建合理的发展能力评价指标体系。

6.2.1.3 可比性原则

高新技术产业发展能力评价指标体系要明确指标体系中各个指标的含义、适用范围和统计口径等，确保指标体系能够进行横向或者是纵向的比较。产业发展能力的指标体系要求各个指标既可以横向比较，又可以进行动态比较。横向比较是指通过评价指标体系可以比较不同城市高新技术产业的发展能力，以此找出差距，总结经验，推动产业发展。动态比较是指在时间上的可比性，也就是指标体系可以用于产业过去、现在以及将来的比较，以此来反映高新技术产业的发展能力和变化趋势。因此，构建高新技术产业发展能力的评价指标体系要符合横向可比和动态科比的要求，以达到评价准确科学的目的。

6.2.1.4 静态与动态相结合的原则

高新技术产业的发展环境以及产业技术在不断地变化，尤其是在资源枯竭型城市转型的特殊背景下，产业的外部发展环境对高新技术产业的发展至关重要。因此，设计评价指标体系必须考虑静态和动态两个方面：一方面，要全面揭示高新技术产业的发展现状；另一方面，要反映出高新技术产业未来发展的动态变化。静态指标主要是指产业实际发展的经济基础，动态指标主要是指产业所具有的发展潜力。高新技术产业的发展能力是一个抽象的概念，对其进行评价必须将现实基础和未来发展结合起来，指标的选择要具有一定的现实性和前瞻性，要考虑指标体系的动态连续性，如果只考虑静态指标或者只考虑动态指标都不能全面准确地考察高新技术产业的发展能力。

6.2.2 评价指标分析

根据上述高新技术产业发展能力指标体系构建的原则，结合焦作市高新技术产业发展的实际情况，影响高新技术产业发展能力的因素主要有：高新技术产业投入的强度、高新技术产业产出的大小、高新技术产业创新能力的强弱、高新技术产业外部环境的优劣。

6.2.2.1 产业投入

高新技术产业是一个高投入、高智力的产业，提高高新技术产业的发展能力就必须要有大量的资金和智力的投入，尤其是 R&D 投入。本书主要从 R&D 资金和 R&D 人才两个方面来衡量高新技术产业的 R&D 投入，高新技术产业要想在激烈的市场竞争中脱颖而出，必须投入大量的资金和人才。资金是高新技术产业发展的基础，在产业发展的各个时期，无论是产品的研发还是后期的推广都需要大量的资金支持。人才是高新技术产业智力和知识的载体，高新技术产业是一个知识密集型产业，只有拥有大量的高技术人才，企业才能不断发展。新产品的开发对于企业的发展至关重要，一个产业能够持续发展的前提就是其能够不断生产出有价值、有市场的新产品。因此，从产业 R&D 经费、产业 R&D 经费强度、产业 R&D 人员、产业 R&D 人员强度、新产品开发经费五个方向来衡量产业投入。

6.2.2.2 产业产出

衡量一个产业是否具有竞争力最终还是体现在其产品是否具有市场竞争力，例如，产业的规模、产品的市场竞争力等都可以反映出地区高新技术产业的竞争力。产业产值是产业规模大小的体现，反映的是产业生产总成果，而产业的市场竞争力也就是产业的竞争优势，可以体现一个产业的未来的发展，而产业的竞争优势体现在产业的产品上，产业要想发展，其产品必须有一定的市场。从产业产值、产业出口额、产业增加值、产品附加价值和贸易竞争力五个方向来衡量产业产出。

6.2.2.3 产业科技创新能力

创新是企业可持续发展的动力，高新技术产业是一个技术密集型产业，其科技创新能力对产业的发展至关重要。创新能力越高，企业就能在短时间内开发出性价比更高的产品，企业的竞争优势也更加明显。高新技术产业是一个知识密集型产业，其产品更新换代的速度较快，相对来说，产品的生命周期较短，市场竞争加剧。因此，企业必须拥有较强的创新能力，不断开发出新产品、新技术，加大企业科技创新的投入，使得企业在市场竞争中立于不败之地。本书从创新成功率、自主创新能力、新产品价值和专利技术四个方向衡量产业创新能力。

6.2.2.4 产业外部环境

产业的外部环境是一个产业发展的基础，高新技术产业是一个高投资、高收益、高风险的新兴产业，是知识密集和技术密集产业。因而发展高新技术产业需要国家政府的政策支持，只有提供一定的政策优惠，才能将社会资源吸引到高新技术产业中。除了内部研发，产业还需要拥有外部的科学技术支持，需要大量的科研人才和科研成果。此外，产业要想不断发展，科学技术就必须不断创新。本书从政府政策支持、产业技术支持和产业孵化环境三个方向衡量产业外部环境。

6.2.3 评价指标体系构建

在高新技术产业发展能力评价指标体系构建原则的指导下，确立了产业投入、产业产出、产业科技创新能力和产业外部环境 4 个二级指标、17 个三级指标，详见表 6.2。

表 6.2   **高新技术产业发展能力评价指标体系**

一级指标（目标层）	二级指标（准则层）	三级指标（指标层）	
高新技术产业发展能力 Y	产业投入 X_1	产业 R&D 经费	X_{11}
		产业 R&D 经费强度	X_{12}
		产业 R&D 人员	X_{13}
		产业 R&D 人员强度	X_{14}
		新产品开发经费	X_{15}
	产业产出 X_2	产业产值	X_{21}
		产品出口额	X_{22}
		产业增加值	X_{23}
		产品附加价值	X_{24}
		贸易竞争力	X_{25}
	产业科技创新能力 X_3	创新成功率	X_{31}
		自主创新能力	X_{32}
		新产品价值	X_{33}
		专利技术	X_{34}
	产业外部环境 X_4	政府政策支持	X_{41}
		产业技术支持	X_{42}
		产业孵化环境	X_{43}

6.2.4 评价指标的权重确定

层次分析法（analytic hierarchy process，AHP），是美国匹兹堡大学著名

运筹学家萨蒂（T. L. Satty）教授于1971年开发的一种结合定性与定量的多目标决策分析方法。层次分析法将人的思维过程层次化、数量化，为后期的分析和决策提供定量的依据，一般用来分析一些技术、经济和社会等具有复杂因素的问题。层次分析法解决了只有一个决策但是拥有多个选择的问题，它将所有问题看成一个整体，然后根据一定的标准分成若干个层面，运用定量的方法分析计算每层的权重和排名。

层次分析法通常由以下三个层次组成。

（1）目标层：这是最高层次，或称为理性层次，描述了评价的目的。

（2）准则层：这一层次是评价准则和影响评价的因素，是对目标层的具体描述和扩展。

（3）指标层（方案层）：这一层次是对评价准则层的细化，即对准则层的具体化。

层次分析法的步骤包括以下几个方面。

（1）建立层次模型。对决策的问题进行了解，总结内部影响因素，根据各个影响因素的属性，将影响因素分为若干层，建立层次结构模型。

（2）运用专家打分法对指标进行打分，计算出每个层次的权重。

（3）进行一致性检验，对由于打分失误所造成不能通过的结果进行调整，直到一致为止。

（4）根据计算评价结果和综合排名，对决策目标进行分析，选出最终的结果。

层次分析法的最大优点是简洁明了，它能够同时处理判断者依靠直觉、理性和非理性皆有的无法定量化问题，将判断者的不同看法与意图整合为一个统一的框架，通过对决策问题的深入分析、两两比较判断、确定权重合成达到简单性与复杂性的统一。它将主观的决策过程科学化和系统化，有利于进行准确的判断，能使决策者从判断和评价中获得信息，从而有利于方案的有效实施。

层次分析法的缺点是其主观性比较强，专家是根据自己的经验和看法对指标进行打分，专家的水平对于权重的影响比较大。另外，层次分析法需要我们对指标进行两两比较，当指标过多时，我们对指标之间重要程度的判断就比较困难，指标的权重就会难以确定。

本书采用层次分析法首先构建资源枯竭型城市高新技术产业发展能力

评价模型，因发展能力涉及多个指标，所以较为科学的权重决定后期发展能力评价结果的合理性，这是发展能力评价模型最核心的问题。研究的指标权重采用专家评分法来进行。首先，前期通过高新技术产业发展能力评价权重调查问卷对问卷指标进行赋值评分。其次，根据问卷赋值评分的结果对问卷指标进行调整，来保证各指标的准确性，通过高新技术产业发展能力评价权重调查问卷，进行各指标体系间的重要性赋值，分别对4个二级指标、17个三级指标进行两两对比评分赋值。整理回收有效问卷，根据问卷建立比较矩阵，运用层次分析法对矩阵进行分析，最终确定各级指标的权重。最后，根据权重构建评价模型。

依据层次分析法，将高新技术产业发展能力评价指标体系分为三层结构，目标层为高新技术产业发展能力，我们用 Y 表示，准则层则包括四个维度分别是产业投入 X_1、产业产出 X_2、产业科技创新能力 X_3、产业外部环境 X_4；决策层包括17个指标，详细指标体系结构如表6.2所示。

比较矩阵方法为采取对指标进行两两比较而得到比较矩阵，哪个指标更为重要，重要程度多少，每个指标重要程度用某个确定的数字表示。根据萨蒂（T. L. Satty）对指标进行两两比较建立成对比较矩阵的办法，建立了比较矩阵。用 a_{ij} 表示要素 i 与要素 j 的重要性的比较结果。

$$a_{ij} = 1/a_{ji} \tag{6.1}$$

$$A = (a_{ij})_{n \times n} = \begin{bmatrix} a_{11} & a_{12} & \cdots & a_{1n} \\ a_{21} & a_{22} & \cdots & a_{1n} \\ \cdots & \cdots & \cdots & \cdots \\ a_{n1} & a_{n2} & \cdots & a_{nn} \end{bmatrix} \tag{6.2}$$

A 称为判断矩阵。a_{ij} 的取值如表6.3所示。

表6.3　　　　　　　　　　　1~9标度的含义

因素	假设指标 i 相对于指标 j				
标度	1	3	5	7	9
含义	两指标同等重要	i 比 j 略微重要	i 比 j 重要	i 比 j 特别重要	i 比 j 极其重要
倒数	1	1/3	1/5	1/7	1/9

因素	假设指标 i 相对于指标 j				
含义	两指标同等重要	j 比 i 略微重要	j 比 i 重要	j 比 i 特别重要	j 比 i 极其重要
偶数	2	4	6	8	
含义	比较中间值				

对于判断矩阵的权重计算方法有几何平均法和规范列平均法。本书采用规范列平均法。首先，对判断矩阵的各列进行归一化；其次，把归一化的判断矩阵每一行元素相加，得到一个一列 n 行的矩阵；最后，将该矩阵进行归一化即得出权重矩阵。一致性指标：

$$CI = (\lambda_{max} - n)/(n-1) \tag{6.3}$$

其中，λ_{max} 为判断矩阵最大的特征根。

其相应的平均随机一致性指标 RI 如表6.4所示。

表6.4 平均随机一致性指标

N	0	1	2	3	4	5	6	7	8	9
RI	0	0	0.58	0.89	1.12	1.26	1.36	1.41	1.46	1.49

一次性比例如下所示：

$$CR = CI/RI \tag{6.4}$$

当 $CR < 0.1$ 时，认为判断矩阵的一致性是可以被接受的，当 $CR \geq 0.1$ 时，对判断矩阵进行调整。

6.2.5 权重分析结果

通过两次问卷分别对20名高新技术产业的高级管理人员对各指标的重要性进行评判，统计得到二级指标产业投入、产业产出、产业科技创新能力和产业外部环境的专家群体准则层判断矩阵，如表6.5~表6.10所示。

表 6.5　　　　　　　　　　　　　　　　准则层矩阵

发展能力 Y	产业投入 X_1	产业产出 X_2	产业创新能力 X_3	外部环境 X_4	权重
产业投入 X_1	1	1/2	1/3	1	0.143
产业产出 X_2	2	1	2/3	2	0.286
科技创新能力 X_3	3	3/2	1	3	0.428
外部环境 X_4	1	1/2	1/3	1	0.143

　　计算得 $\lambda_{max} = 4$，$CI = 0$，$RI = 1.12$，$CR = CI/RI = 0 < 0.1$，所以该判断
矩阵的一致性比较满意，权重向量 $w = (0.143, 0.286, 0.428, 0.143)$。
可以看出，产业创新能力的权重最大为 0.428，其次是产业产出为 0.286，
最后是产业投入和产业外部环境为 0.143。

表 6.6　　　　　　　　　　　　　　产业投入判断矩阵

产业投入	产业 D&D 经费	产业 D&D 经费强度	产业 D&D 人员	产业 D&D 人员强度	新产品 开发经费	权重
产业 D&D 经费	1	3	1	3	2	0.316
产业 D&D 经费强度	1/3	1	1/3	1	2/3	0.105
产业 D&D 人员	1	3	1	3	2	0.316
产业 D&D 人员强度	1/3	1	1/3	1	2/3	0.105
新产品开发经费	1/2	3/2	1/2	3/2	1	0.158

　　$\lambda_{max} = 5$，$CI = 0$，$RI = 1.26$，$CR = CI/RI = 0 < 0.1$，所以该判断矩阵的一
致性比较满意，权重向量 $w = (0.316, 0.105, 0.316, 0.105, 0.158)$，可以
看出，产业 R&D 经费和产业 R&D 人员的权重最大为 0.316，其次是新产品开
发经费为 0.158，最后是产业 R&D 经费强度和产业 R&D 人员强度为 0.105。

表 6.7　　　　　　　　　　　　　　产业产出判断矩阵

产业产出	产业产值	产业 出口额	产业 增加值	产品 附加价值	贸易 竞争力	权重
产业产值	1	3	2	3	1	0.266
产业出口额	1/3	1	3/2	1	1/3	0.105

产业产出	产业产值	产业出口额	产业增加值	产品附加价值	贸易竞争力	权重
产业增加值	1/2	2/3	1	2/3	1/2	0.098
产品附加价值	1/3	1	3/2	1	1/3	0.105
贸易竞争力	1	3	2	3	1	0.266

$\lambda_{max} = 5.1065$，$CI = 0.0267$，$RI = 1.26$，$CR = CI/RI = 0.021 < 0.1$，所以该判断矩阵的一致性比较满意，权重向量 $w = (0.266，0.105，0.098，0.105，0.266)$，可以看出，产业产值和贸易竞争力的权重最大为 0.266，其次是产业出口额和产业产品附加价值为 0.105，最后是产业增加值为 0.098。

表 6.8 产业创新能力判断矩阵

科技创新能力	创新成功率	自主创新能力	新产品价值	专利技术	权重
创新成功率	1	1/3	1	1/2	0.143
自主创新能力	3	1	3	3/2	0.428
新产品价值	1	1/3	1	1/2	0.143
专利技术	2	2/3	2	1	0.286

$\lambda_{max} = 4$，$CI = 0$，$RI = 1.12$，$CR = CI/RI = 0 < 0.1$，所以该判断矩阵的一致性比较满意，权重向量 $w = (0.143，0.428，0.143，0.286)$，可以看出，自主创新能力的权重最大为 0.428，其次是专利技术为 0.286，最后是创新成功率和新产品价值为 0.143。

表 6.9 产业外部环境判断矩阵

产业外部环境	政府政策支持	产业技术支持	产业孵化环境	权重
政府政策支持	1	1/3	1/2	0.169
产业技术支持	3	1	2/3	0.387
产业孵化环境	2	3/2	1	0.444

$\lambda_{\max} = 3.0735$，$CI = 0.0368$，$RI = 0.89$，$CR = CI/RI = 0.041 < 0.1$，所以该判断矩阵的一致性比较满意，权重向量 $w = (0.169，0.387，0.444)$，可以看出，产业孵化环境的权重最大为 0.444，其次是产业技术支持为 0.387，最后是政府政策支持为 0.169。

根据以上对各个判断矩阵的计算和分析，最后得出二级指标和三级指标的权重结果，如表6.10所示。

表6.10　　　　　　　　　　　指标权重结果

二级指标	二级权重	三级指标	三级权重	归一化权重
产业投入 X_1	0.143	产业 R&D 经费	0.316	0.045
		产业 R&D 经费强度	0.105	0.015
		产业 R&D 人员	0.316	0.045
		产业 R&D 人员强度	0.105	0.015
		新产品开发经费	0.158	0.023
产业产出 X_2	0.286	产业产值	0.266	0.076
		产品出口额	0.105	0.030
		产业增加值	0.098	0.028
		产品附加价值	0.105	0.030
		贸易竞争力	0.266	0.076
科技创新能力 X_3	0.428	创新成功率	0.143	0.061
		自主创新能力	0.428	0.183
		新产品价值	0.143	0.061
		专利技术	0.286	0.122
产业外部环境 X_4	0.143	政府政策支持	0.169	0.024
		产业技术支持	0.387	0.055
		产业孵化环境	0.444	0.063

6.3 资源枯竭型城市高新技术产业 发展能力评价模型构建

6.3.1 评价模型介绍

美国自动控制学家札德（L. A. Zadeh）为了研究经济学领域中的一些模糊的经济现象，提出了模糊集合理论来表达事物的不确定性。通过后来专家学者的不断实践，将其进一步完善，形成了模糊综合评价方法。模糊综合评价方法是根据模糊数学的隶属度理论将定性评价转化为定量评价，也就是运用模糊数学对受到多种因素影响的研究对象作出一个总体评价。运用模糊综合评价模型首先要根据评价对象建立因素集；其次，根据各个因素的重要程度确定评价因素的权重；再次，确定所有因素评价针对不同等级模糊子集的隶属度，从而建立模糊关系矩阵；最后，进行模糊综合评价，考虑所有指标的综合影响并计算得出综合评价值。

模糊综合评价的优势在于它能够充分发挥人的经验，使得评价结果更客观，更符合实际，此外，模糊综合评价的系统性强，结果清晰，它使一些模糊的难以量化的问题得到了很好的解决。

本书采用模糊综合评价的方法，在用层次分析法确定高新技术产业发展能力指标权重的基础上，分层次对指标体系进行模糊综合评价，得出最终结果，具体步骤如下。

（1）确定评价对象的因素集。设 $U = \{U_1, U_2, \cdots, U_n\}$ 为被评价对象的 n 个评价指标，其中 n 是评价指标的个数。

（2）确定评价对象的评语集。设 $V = \{V_1, V_2, \cdots, V_n\}$ 是评价者对被评价对象可能作出的各种总的评价结果组成的评语等级的集合。本书中设立评语集 $V = \{V_1, V_2, V_3, V_4, V_5\}$ = {非常好，好，一般，差，非常差} 五个等级，对应分值分别为 {90，80，70，60，50}。

（3）确定评价因素的权重向量。为权衡评价对象中各因素的重要程度，设 $W = (W_1, W_2, \cdots, W_n)$ 为权重分配模糊矢量，其中 W_i 表示第 i 个元素的权重，并且有 $W_i < 1$，$\sum W_i = 1$。W 反映不同指标的重要性，在进行模糊评价时，权重对最终的结果有很大的影响，不同的权重会得到不同的结论。

（4）单因素模糊评价，确立模糊关系矩阵 R。逐个对被评价对象从每个因素 U_i 上进行量化，即从单因素 U_i 确定被评价对象对各级模糊子集的隶属度，从而得到模糊关系矩阵，用 R 表示。

其中 r_{ij} 表示某个被评价对象从因素 U_i 来看对等级模糊子集 V_j 的隶属度，一个被评价对象在某个因素 U_i 方面的表现是通过模糊矢量 r_i 来刻画的，r_i 成为单因素评价矩阵，可以看作因素集 U 和评价器 V 之间的一种模糊关系，即影响因素与评价对象之间的合理关系。

（5）模糊综合评价。将权重集 W 与模糊关系矩阵 R 合成得到个别评价对象的模糊综合评价结果 B，即：

$$B = W_i \times R_i = (W_1, W_2, \cdots, W_n) = \begin{vmatrix} r_{21} & r_{22} & \cdots & r_{2n} \\ \cdot & \cdot & \cdot & \cdot \end{vmatrix} \tag{6.5}$$

6.3.2　焦作市高新技术产业发展能力模糊综合评价

6.3.2.1　样本来源及特征描述

研究数据来源于焦作市高新技术企业人员的问卷调查。本次调查问卷通过线上模式开展，总计发放问卷 358 份，回收问卷 358 份，去除存在明显矛盾问卷 9 份，去除作答时间过短的问卷 22 份，共得到有效问卷 327 份，问卷有效率达到 91.34%。具体统计指标如表 6.11 所示。

表 6.11　　　　　　　　　调查对象基本情况描述

项目	基本情况	频数	百分比（%）
公司性质	国有独资	26	7.9
	国有控股	27	8.2
	混合所有制	46	14
	集体所有	16	4.8
	私营	183	55.9
	外商独资	29	8.8

项目	基本情况	频数	百分比（%）
公司领域	电子信息技术	77	23.5
	高技术服务	7	2.1
	高新技术改造传统产业领域	10	3
	航空航天技术	12	3.6
	生物与新医药技术	51	15.5
	新材料技术	62	18.9
	新能源及节能技术领域	56	17.1
	资源与环境技术领域	5	1.5
	其他	47	14.3
公司创新方式	内部研发	136	41.5
	委托高校和研究所开发	20	6.1
	与高校和研究所合作	50	15.2
	与国内企业合作	37	11.3
	与国外企业合作	4	1.2
	直接购买或引进	24	7.3
	其他	56	17.1
技术人员比例	小于30%	96	29.3
	30%~50%	162	49.5
	大于50%	69	21.1
发展能力评价	第三方评估	74	22.6
	管理者自评	114	34.8
	内部审计部门审计	67	20.4
	政府评估	72	22

6.3.2.2 确定综合评价指标集和评语集

在本书研究评价指标结构中，二级指标与三级指标都表示 $U = \{X_1, X_2, \cdots, X_n\}$，当中 $X_i = \{X_{i1}, X_{i2}, \cdots, X_{it}\}$，如表 6.12 所示。

表 6.12 高新技术产业发展能力评价指标体系

一级指标	二级指标
$X_1 = \{$产业投入$\}$	$X_{11} = \{$产业 R&D 经费$\}$
	$X_{12} = \{$产业 R&D 经费强度$\}$
	$X_{13} = \{$产业 R&D 人员$\}$
	$X_{14} = \{$产业 R&D 人员强度$\}$
	$X_{15} = \{$新产品开发经费$\}$
$X_2 = \{$产业产出$\}$	$X_{21} = \{$产业产值$\}$
	$X_{22} = \{$产品出口额$\}$
	$X_{23} = \{$产业增加值$\}$
	$X_{24} = \{$产品附加价值$\}$
	$X_{25} = \{$贸易竞争力$\}$
$X_3 = \{$产业创新能力$\}$	$X_{31} = \{$创新成功率$\}$
	$X_{32} = \{$自主创新能力$\}$
	$X_{33} = \{$新产品价值$\}$
	$X_{34} = \{$专利技术$\}$
$X_4 = \{$产业外部环境$\}$	$X_{41} = \{$政府政策支持$\}$
	$X_{42} = \{$产业技术支持$\}$
	$X_{43} = \{$产业孵化环境$\}$

在评价中，把评语用 $V = \{v_1, v_2, v_3, v_4, v_5\}$ 来表示，其中 v_1，v_2，v_3，v_4，v_5 表示很好、好、一般、差以及很差 5 个等级。

6.3.2.3 建立模糊评价矩阵

通过调研获取对 X_{ij} 是包含在第 n 个评语的等级，具体如表 6.13 所示。

表 6.13 指标评价结果

二级指标	三级指标	等级比例				
		很好	好	一般	差	很差
产业投入 X_1	产业 R&D 经费 X_{11}	0.455	0.314	0.149	0.064	0.015
	产业 R&D 经费强度 X_{12}	0.36	0.305	0.226	0.094	0.012
	产业 R&D 人员 X_{13}	0.4	0.36	0.159	0.061	0.012

二级指标	三级指标	等级比例				
		很好	好	一般	差	很差
产业投入 X_1	产业 R&D 人员强度 X_{14}	0.348	0.363	0.177	0.085	0.024
	新产品开发经费 X_{15}	0.379	0.379	0.183	0.045	0.012
产业产出 X_2	产业产值 X_{21}	0.366	0.394	0.168	0.045	0.015
	产品出口额 X_{22}	0.287	0.318	0.33	0.04	0.024
	产业增加值 X_{23}	0.343	0.422	0.177	0.04	0.018
	产品附加价值 X_{24}	0.333	0.318	0.291	0.037	0.021
	贸易竞争力 X_{25}	0.407	0.321	0.232	0.034	0.006
产业科技创新能力 X_3	创新成功率 X_{31}	0.349	0.361	0.223	0.055	0.012
	自主创新能力 X_{32}	0.428	0.309	0.202	0.046	0.015
	新产品价值 X_{33}	0.343	0.394	0.235	0.015	0.012
	专利技术 X_{34}	0.398	0.324	0.242	0.028	0.009
产业外部环境 X_4	政府政策支持 X_{41}	0.434	0.376	0.15	0.024	0.015
	产业技术支持 X_{42}	0.44	0.294	0.217	0.031	0.015
	产业孵化环境 X_{43}	0.425	0.303	0.245	0.018	0.009

由此可以得出，对于产业投入、产业产出、产业创新能力和产业外部环境的模糊判断矩阵 R_1、R_2、R_3、R_4。

焦作市高新技术产业投入的评价矩阵为 $R_1 =$

$$\begin{bmatrix} 0.455 & 0.314 & 0.149 & 0.064 & 0.015 \\ 0.36 & 0.305 & 0.226 & 0.094 & 0.012 \\ 0.4 & 0.36 & 0.159 & 0.061 & 0.012 \\ 0.348 & 0.363 & 0.177 & 0.085 & 0.024 \\ 0.379 & 0.379 & 0.183 & 0.045 & 0.012 \end{bmatrix}$$

焦作市高新技术产业产出的评价矩阵为 $R_2 =$

$$\begin{bmatrix} 0.366 & 0.394 & 0.168 & 0.045 & 0.015 \\ 0.287 & 0.318 & 0.33 & 0.04 & 0.024 \\ 0.343 & 0.422 & 0.177 & 0.04 & 0.018 \\ 0.333 & 0.318 & 0.291 & 0.037 & 0.021 \\ 0.407 & 0.321 & 0.232 & 0.034 & 0.006 \end{bmatrix}$$

焦作市高新技术产业创新能力的评价矩阵为 $R_3 =$

$$\begin{bmatrix} 0.349 & 0.361 & 0.223 & 0.055 & 0.012 \\ 0.428 & 0.309 & 0.202 & 0.046 & 0.015 \\ 0.343 & 0.394 & 0.235 & 0.015 & 0.012 \\ 0.398 & 0.324 & 0.242 & 0.028 & 0.009 \end{bmatrix}$$

焦作市高新技术产业外部环境的评价矩阵为 $R_4 =$

$$\begin{bmatrix} 0.434 & 0.376 & 0.15 & 0.024 & 0.015 \\ 0.44 & 0.294 & 0.217 & 0.031 & 0.015 \\ 0.425 & 0.303 & 0.245 & 0.018 & 0.009 \end{bmatrix}$$

6.3.2.4 列出权重向量

根据表6.13列出权重向量：

高新技术产业发展能力的权重向量：

$W = \{X_1, X_2, X_3, X_4\} = \{0.143, 0.286, 0.428, 0.143\}$

高新技术产业投入的权重向量：

$W_1 = \{X_{11}, X_{12}, X_{13}, X_{14}, X_{15}\} = \{0.316, 0.105, 0.316, 0.105, 0.158\}$

高新技术产业产出的权重向量：

$W_2 = \{X_{21}, X_{22}, X_{23}, X_{24}, X_{25}\} = \{0.266, 0.105, 0.098, 0.105, 0.266\}$

高新技术产业创新能力的权重向量：

$W_3 = \{X_{31}, X_{32}, X_{33}, X_{34}\} = \{0.143, 0.428, 0.143, 0.286\}$

高新技术产业外部环境的权重向量：

$W_4 = \{X_{41}, X_{42}, X_{43}\} = \{0.169, 0.387, 0.444\}$

6.3.2.5 计算模糊综合评价值

根据模糊评价公式 $B_i = A_i \times R_i$ 以及由低级指标向高级指标计算的顺序对焦作市高新技术产业发展能力进行模糊评价，可得各个指标的模糊评价结果如下：

$B_1 = W_1 \times R_1 = (0.404 \quad 0.343 \quad 0.169 \quad 0.065 \quad 0.015)$

$B_2 = W_2 \times R_2 = (0.304 \quad 0.298 \quad 0.189 \quad 0.033 \quad 0.012)$

$B_3 = W_3 \times R_3 = (0.396 \quad 0.333 \quad 0.221 \quad 0.038 \quad 0.012)$

$B_4 = W_4 \times R_4 = (0.432 \quad 0.301 \quad 0.218 \quad 0.031 \quad 0.012)$

由此我们得出二级指标的模糊综合评价结果如下：

焦作市高新技术产业发展能力的评价矩阵为 $R=$

$$\begin{bmatrix} 0.404 & 0.343 & 0.169 & 0.065 & 0.015 \\ 0.304 & 0.298 & 0.189 & 0.033 & 0.012 \\ 0.396 & 0.333 & 0.221 & 0.038 & 0.012 \\ 0.432 & 0.301 & 0.218 & 0.031 & 0.012 \end{bmatrix}$$

在计算出二级指标模糊评价的基础上，进行一级指标的模糊评价，评价结果如下：

$$B = W \times R = (0.376 \quad 0.32 \quad 0.204 \quad 0.039 \quad 0.012) \tag{6.6}$$

6.3.2.6 计算综合评价值

设立评语集 $V = \{V_1, V_2, V_3, V_4, V_5\} = \{$很好，好，一般，差，很差$\}$ 五个等级，对应分值分别为 $\{90, 80, 70, 60, 50\}$，使用函数 $C_i = B_i \times V^T$ 获取全面的评价结果。

确定评价结果的区分等级，设定 80 分及以上为优秀，70～80 分为良好，60～70 为合格，60 分以下为不合格，如表 6.14 所示。

表 6.14 综合评价的级别划分

级别	不合格	合格	良好	优秀
分数	60 以下	60～70	70～85	85 以上

由此得出焦作市高新技术产业发展能力的得分情况，如表 6.15 所示。

表 6.15 焦作市高新技术产业发展能力得分

指标	得分	级别
产业投入	80.28	良好
产业产出	67.01	合格
产业创新能力	80.63	良好
产业外部环境	80.68	良好
产业发展能力	76.66	良好

由表 6.15 的结果可知，焦作市高新技术产业发展能力得分为 76.66，处于良好的水平，其中产业外部环境的分值最高为 80.68，其次是产业创新能力为 80.63，产业投入为 80.28，产业产出最低为 67.01。

第7章

资源枯竭型城市生态转型
效果评价体系

7.1 资源枯竭型城市生态转型效果评价的指导思想

资源枯竭型城市生态转型中的"生态"已经不单单是狭义生物学上的概念，也不单单指生态环境美好，其实是城市生态化发展的结构，是中国城镇化进程中的必然选择，是资源节约、社会和谐、经济高效、环境友好的自然与人、城市融合一体互惠共生的结构。

资源枯竭型城市生态转型效果评价的指导思想是：（1）资源节约。实现城市资源节约，要高效利用一切自然资源及能源，同时使可再生能源利用和资源回收利用率达到领先水平等。（2）经济持续。要实现城市经济健康、持续、协调发展，必须坚持可持续发展指导思想，促使产业结构合理、资源有效配置、发展循环经济。（3）社会进步。实现社会进步，拥有完善的城市基础设施和社会设施，提高居民身心健康和高质量的生活水平。（4）环境友好。实现环境友好，拥有健康良好的人居环境。使城市建设、人类生活与自然环境协调统一。（5）创新引领。要以创新来驱动，以创新贯穿始终，引领高质高量发展。因此，实现资源枯竭型城市生态转型，要以资源节约、经济持续、社会进步、环境友好、创新驱动为目标来建设生态城市。

7.2 资源枯竭型城市生态转型效果评价的指标体系

7.2.1 指标体系构建原则

指标体系设计得是否合理、科学直接关系到指标体系的科学性与可行性，在设计指标体系时应该遵循以下原则。

7.2.1.1 全面性与系统性相结合原则

城市生态转型的内容囊括广泛，所以设计指标体系应考虑其完备性，力求涵盖经济、社会、资源、环境、创新等方方面面，不遗漏重要方面。除指标体系设计全面外，同时要避免指标之间互相重复，造成指标体系冗杂，还应考虑指标体系设计的系统性、整体统一性。

7.2.1.2 科学性与可操作性相结合原则

科学性即指标的构建必须有理有据。从指标体系框架的选择、理论模型和指标权重的确定都要有科学的理论依据，不能随意分类、设置或堆砌指标。可操作性即指标内容应简单明了，容易理解，在指标的数据选择上要容易获取，并且具有较强的可比性，指标设计的原则就是为了指导实践活动，在选择指标时要充分考虑在将来实际工作中的便利性、可行性、可操作性。

7.2.1.3 代表性与可比性结合原则

指标数据可通过一般的统计年鉴和调查获取，并且能从较大程度上保证指标数据的可信度和横向可比性。代表性即在制定评价指标体系时对目标层应该从不同侧面反映，避免指标重复，同时指标选取要有可比性，结合实际情况，充分体现其特点与侧重点，合理恰当地对指标体系作出相应的调整。

7.2.1.4 动态性与静态性相结合原则

指标体系的设计不仅只是客观评价资源枯竭型城市生态转型的现状，更重要的是通过现状，把握生态转型的主观影响因素和客观基础。因此指标的选择要考虑生态转型的动态变化的特点，从而能更客观和准确地描述刻画与量化城市生态转型的转型状态及效果。

7.2.2 指标体系构建思路

7.2.2.1 评价指标构建思路

本书从供给侧结构性改革背景下研究资源枯竭型城市生态转型效果，由于研究目的不同，各地具体情况不同，所以构建的指标体系侧重点也不同，到目前为止，还没有一个全面系统的、能够获得普遍认同的生态城市指标体系。在选取指标时主要考虑以下方面：一是参考已有的相关生态方面的评价指标体系；二是参考以往研究生态转型效果的学者专家所构建的评价指标体系；三是结合供给侧结构性改革"制度创新、结构优化、要素提升"三个层面内容构建科学、合理的资源枯竭型城市生态转型效果评价指标体系；四是结合城市生态转型需要实现"资源节约、经济持续、社会进步、环境友好、创新引领"的指导思想，构建科学的评价指标体系。

7.2.2.2 评价指标的选取

为了建立科学、合理、系统的资源枯竭型城市生态转型体系，除了参考以上已确定的相关评价指标体系（见表7.1），本书还参考李海龙等对于中国生态城市"资源节约、经济持续、环境友好、社会和谐、创新引领"5个目标层36个具体定量指标评价体系的构建。由于所评价的对象庞大，考虑到实际指标的数据收集情况，筛选了以下评价指标，包括资源节约、经济持续、环境友好、社会和谐、创新引领5项一级指标，26项二级指标。运用该指标体系进行资源枯竭型城市间生态转型效果的横向对比、纵向比较，如表7.2所示。

表 7.1 国内外部分参考指标数据

类型	指标体系名称	制定机构
国外参考指标库	联合国可持续发展指标（2001 年版）	联合国
	世界卫生组织健康城市指标	世界卫生组织
	欧洲绿色城市指数	经济学人
国内参考指标库	生态县、生态市、生态省建设指标（修订稿）	环境保护部
	国家环保模范城市	环境保护部
	国家生态园林城市标准（暂行）	住房和城乡建设部
	循环经济发展评价指标（2017 年版）	国家发改委、环境保护部、国家统计局
	全国绿化模范城市指标	全国绿化委员会
	宜居城市科学评价标准	住房和城乡建设部
	中国人居环境奖评价指标	住房和城乡建设部
	天津中新生态城指标体系	天津市
	国家生态文明建设示范县、市指标（试行）	环境保护部
	国家卫生城市标准（2014 年版）	全国爱卫会
	全国文明城市评价指标（2011 年版）	中央文明会
	中国优秀旅游城市检查标准（2007 年修订本）	国家旅游局
	国家森林城市评价指标体系 2014 年	国家林业局

表 7.2 资源枯竭型城市生态转型效果评价指标体系

类型	一级指标	二级指标	指标属性	指标编号
资源枯竭型城市生态转型评价指标体系	A_1 资源节约	人均日生活用水量（升）	逆向指标	B1
		城市建设用地占市区面积比重（%）	逆向指标	B2
		单位国内生产总值（GDP）能耗（吨标煤/万元）	逆向指标	B3
		工业固体废物综合利用率（%）	正向指标	B4
	A_2 经济持续	人均国内生产总值（万元/人）	正向指标	B5
		第三产业增加值占 GDP 比重（%）	正向指标	B6
		农民人均纯收入（万元）	正向指标	B7
		固定资产投资（万元）	正向指标	B8
		城镇登记失业率（%）	逆向指标	B9

类型	一级指标	二级指标	指标属性	指标编号
资源枯竭型城市生态转型评价指标体系	A_3 社会和谐	城乡居民收入比（％）	逆向指标	B10
		城镇居民恩格尔系数（％）	逆向指标	B11
		城市燃气普及率（％）	正向指标	B12
		每万人医院、卫生院床位数（张）	正向指标	B13
		每万人拥有公共汽车（辆）	正向指标	B14
		每百人公共图书馆藏书（册、件）	正向指标	B15
	A_4 环境友好	人均公园绿地面积（M2/人）	正向指标	B16
		建成区绿化覆盖率（％）	正向指标	B17
		污水处理厂集中处理率（％）	正向指标	B18
		工业废水排放强度（吨/万元）	逆向指标	B19
		工业二氧化硫排放强度（千克/万元）	逆向指标	B20
		工业烟尘排放强度（千克/万元）	逆向指标	B21
		环保支出占 GDP 比重（％）	正向指标	B22
	A_5 创新引领	科技支出占财政支出比重（％）	正向指标	B23
		R&D 经费支出占 GDP 比重（％）	正向指标	B24
		每万人在校大学生人数（人）	正向指标	B25

7.2.3 评价指标的内容

7.2.3.1 资源节约

在资源节约方面，主要从能源、水资源、土地资源等方面实现城市资源的节约，本书选取了人均日生活用水量、城市建设用地占市区面积比重、单位 GDP 能耗、工业固体废物综合利用率四个指标来反映，如表 7.3 所示。

表 7.3 资源节约维度下的二级指标

资源节约维度	单位	指标参考值	数据来源
人均日生活用水量	升	—	《中国城市建设统计年鉴》
城市建设用地占市区面积比重	％	≤30%	《中国城市统计年鉴》

续表

资源节约维度	单位	指标参考值	数据来源
单位国内生产总值（GDP）能耗	吨标煤/万元	≤0.83 标煤/万元	《各省市统计年鉴》《公报》
工业固体废物综合利用率	％	≥95％	《中国城市统计年鉴》

（1）人均日生活用水量（升）。

指标解释：指用水人口平均每人每天的生活用水量。

计算方法：

$$人均日生活用水量 = \frac{居民家庭用水量 + 公共服务用水量}{用水总人口} \times 报告期日历天数$$

（7.1）

（2）城市建设用地占市区面积比重（％）。

指标解释：指城市建设用地面积占市区面积比重。

计算方法：

$$城市建设用地面积占市区面积比重 = \frac{城市建设用地面积}{市区面积} \times 100\%$$

（7.2）

（3）单位国内生产总值（GDP）能耗（吨标煤/万元）。

指标解释：指万元国内生产总值所消耗的能源总量。

计算方法：

$$单位 GDP 能耗 = \frac{能源消耗总量（吨标煤）}{国内生产总值（万元）}$$

（7.3）

（4）工业固体废物综合利用率（％）。

指标解释：指一般工业固体废物综合利用量占一般固体废物产生量与综合利用往年储存量之和的百分率。

计算方法：

$$工业固体废物综合利用率 = \frac{一般工业固体废物综合利用量}{一般固体废物产生量 + 综合利用往年储存量} \times 100\%$$

（7.4）

7.2.3.2 经济持续

实现经济的可持续发展方面，本书中用人均国内生产总值（GDP）指标表示经济发展水平，用第三产业增加值占 GDP 比重代表经济发展的产业结构，用农民年人均纯收入与城镇居民人均可支配收入的比值即城乡居民收入比指标反映收入水平，用固定资产投资代表经济持续发展水平，用城镇登记失业率指标反映城市整体的就业水平。表 7.4 为经济持续维度下的二级指标。

表 7.4　　　　　　　　　　　经济持续维度下的二级指标

经济持续维度	单位	指标参考值	数据来源
人均国内生产总值（GDP）	万元	—	《中国城市统计年鉴》
第三产业增加值占 GDP 比重	%	≥55%	《中国城市统计年鉴》
农民人均纯收入	元	—	《中国城市统计年鉴》
固定资产投资（不含农户）	万元	—	《中国城市统计年鉴》
城镇登记失业率	%	≤3.2%	各省市统计年鉴、公报

（1）人均国内生产总值（GDP）。

指标解释：城市国内生产总值与城市人口之比。

计算方法：

$$人均国内生产总值 = \frac{地区国内生产总值（元）}{地区总人口（人）} \qquad (7.5)$$

（2）第三产业增加值占 GDP 比重（%）。

指标解释：指第三产业产值占国内生产总值的比例。

计算方法：

$$第三产业占 GDP 比重 = \frac{第三产业产值（万元）}{国内生产总值（万元）} \times 100\% \qquad (7.6)$$

（3）农民人均纯收入（元）。

指标解释：指农村常住居民家庭总收入中，扣除从事生产和非生产经营费用支出、缴纳税款等费用之后剩余的，可直接用于进行生产性、非生产性建设投资、生活消费和积蓄的一部分收入。

（4）固定资产投资（不含农户）（万元）。

指标解释：指包括城镇固定资产投资与农村企事业组织项目投资，不含农户投资，它是反映固定资产投资规模、速度、比例关系和使用方向的综合性指标。是拉动经济增长的因素之一。

（5）城镇登记失业率（%）。

指标解释：指城镇登记失业人数占城镇从业人数和城市登记失业人数总和的百分比，反映了一个国家或地区的就业水平。

计算方法：

$$城镇登记失业率 = \frac{城镇登记失业人数}{城镇从业人数 + 城镇登记失业人数} \times 100\% \quad (7.7)$$

7.2.3.3　社会和谐

社会和谐方面包括城镇居民生活水平、医疗水平、收入分配、交通便捷等方方面面，本书用城乡居民收入比代表城乡收入差距水平及社会和谐稳定程度，用城镇居民恩格尔系数代表城镇居民收入水平，用城市燃气普及率代表城市居民生活水平，用每万人医院、卫生院床位数代表城市居民的医疗水平，用每万人拥有公共汽车代表城市居民交通出行的便利水平，用每百人公共图书馆藏书代表城市的文化氛围。城市燃气普及率、每万人医院卫生院床位数、每万人拥有公共汽车以及每百人公共图书馆藏书数指标也是城市发展基础设施建设的一部分，城市功能的完善是城市生态转型重要的一部分。表7.5为社会和谐维度下的二级指标。

表7.5　社会和谐维度下的二级指标

社会和谐指标	单位	指标参考值	数据来源
城乡居民收入比	%	—	《中国城市统计年鉴》
城镇居民恩格尔系数	%	≤30%	各省市统计年鉴、公报
城市燃气普及率	%	100%	《中国城市建设统计年鉴》
每万人医院、卫生院床位数	张/万人	—	《中国城市统计年鉴》
每万人拥有公共汽车	辆/万人	—	《中国城市统计年鉴》
每百人公共图书馆藏书	册/百人	—	《中国城市统计年鉴》

（1）城乡居民收入比（%）。

指标解释：指城镇居民人均可支配收入占农民人均纯收入的百分比。

计算方法：

$$城乡居民收入比 = \frac{城镇居民人均可支配收入}{农民人均纯收入} \times 100\% \qquad (7.8)$$

（2）城镇居民恩格尔系数（%）。

指标解释：指城市居民食品支出总额占城镇居民消费支出总额的百分比。

计算方法：

$$城镇居民恩格尔系数 = \frac{城镇居民食品支出总额}{城镇居民消费支出总额} \times 100\% \qquad (7.9)$$

（3）城市燃气普及率（%）。

指标解释：指报告期末城市燃气使用人口与城市总人口的比率。

计算方法：

$$城市燃气普及率 = \frac{城市燃气使用人口}{城市总人口} \times 100\% \qquad (7.10)$$

（4）每万人拥有医院、卫生院床位数（张）。

指标解释：指市区每万人拥有的亿元床位数。

计算方法：

$$每万人拥有医院、卫生院床位数 = \frac{地区医院、卫生院床位总数}{地区总人口} \times 10000$$

$$\qquad (7.11)$$

（5）每万人拥有公共汽车（辆）。

指标解释：指城市每万人拥有的公共汽车数。

计算方法：

$$万人拥有公共汽车 = \frac{城市年末公共汽车辆总数}{城市总人口} \times 10000 \qquad (7.12)$$

（6）每百人公共图书馆藏书（册）。

指标解释：指市区每万人拥有的亿元床位数。

计算方法：

$$每百人公共图书馆藏书 = \frac{城市公共图书馆藏书总册数}{地区总人口} \times 100 \qquad (7.13)$$

7.2.3.4　环境友好

环境友好方面，包括环境保护和环境污染程度。环境保护具体指标为人均公园绿地面积、建成区绿化覆盖率、污水处理厂集中处理率和环保支出占 GDP 比重 4 个指标。环境污染程度用工业废水排放强度、工业二氧化硫排放强度、工业烟尘排放强度来表示。表 7.6 为环境友好维度下的二级指标。

表 7.6　　　　　　　　　　　　环境友好维度下的二级指标

环境友好维度	单位	指标参考值	数据来源
人均公园绿地面积	平方米/人	—	《中国城市建设统计年鉴》
建成区绿化覆盖率	%	≥40%	《中国城市建设统计年鉴》
污水处理厂集中处理率	%	—	《中国城市建设统计年鉴》
工业废水排放强度	吨/万元	—	《中国城市建设统计年鉴》
工业二氧化硫排放强度	千克/万元	—	《中国城市建设统计年鉴》
工业烟尘排放强度	千克/万元	—	《中国城市建设统计年鉴》
环保支出占 GDP 比重	%	—	各省市统计年鉴、公报

（1）人均公园绿地面积（平方米/人）。

指标解释：指报告期末城市平均每人拥有的公园绿地面积。

计算方法：

$$城市人均公园绿地面积 = \frac{城市公园绿地面积}{城市总人口} \times 100\% \quad (7.14)$$

（2）建成区绿化覆盖率（%）。

指标解释：指报告期末建成区绿化覆盖面积与建成区面积的比率。

计算方法：

$$建成区绿化覆盖率 = \frac{建成区绿化覆盖面积}{建成区面积} \times 100\% \quad (7.15)$$

（3）污水处理厂集中处理率（%）。

指标解释：指通过污水处理厂处理的污水量与污水排放总量的比率。

计算方法：

$$污水处理厂集中处理率 = \frac{污水处理厂处理的污水量}{污水排放总量} \times 100\% \quad (7.16)$$

（4）工业废水排放强度（吨/万元）。

指标解释：指全年地区工业废水排放量占全年国内生产总值的比重。

计算公式：

$$工业废水排放强度 = \frac{工业废水排放总量（吨）}{地区国内生产总值（万元）} \quad (7.17)$$

（5）工业二氧化硫排放强度（千克/万元）。

指标解释：指全年地区工业二氧化硫排放量占全年国内生产总值的比重。

计算公式：

$$工业二氧化硫排放强度 = \frac{工业二氧化硫排放量（千克）}{地区国内生产总值（万元）} \quad (7.18)$$

（6）工业烟尘排放强度（千克/万元）。

指标解释：指全年地区工业烟尘排放量占全年国内生产总值的比重。

计算公式：

$$工业烟尘排放强度 = \frac{工业烟尘排放量（千克）}{地区国内生产总值（万元）} \quad (7.19)$$

（7）环保支出占 GDP 比重。

指标解释：指用于环境污染防治、生态环境保护和建设支出占当年该区域国内生产总值（GDP）的比重。

计算公式为：

$$环保支出占 GDP 比重 = \frac{环境支出总额}{地区国内生产总值} \times 100\% \quad (7.20)$$

7.2.3.5　创新引领

在创新方面，用科技支出占财政支出比重以及 R&D 经费支出占 GDP 比重表示创新投入水平，每万人在校大学生人数表示创新人才储备水平。表 7.7 为创新引领维度下的二级指标。

表 7.7　　　　　　　　　　　创新引领维度下的二级指标

创新引领维度	单位	指标参考值	数据来源
科技支出占财政支出比重	%	—	各省市统计年鉴、公报
R&D 经费支出占 GDP 比重	%	≥2%	各省市统计年鉴、公报
每万人在校大学生人数	人/万人	—	《中国城市统计年鉴》

（1）科技支出占财政支出比重。

指标解释：指全年地区科技支出占全年地方财政总支出的比重。

计算公式：

$$科技支出占财政支出比重 = \frac{科学技术支出总额}{地区财政支出总额} \times 100\% \qquad (7.21)$$

（2）R&D 经费支出占 GDP 比重。

指标解释：指全年地区 R&D 经费支出占全年国内生产总值的比重。

计算公式：

$$R\&D \ 经费支出占 \ GDP \ 比重 = \frac{R\&D \ 经费支出}{地区国内生产总值} \times 100\% \qquad (7.22)$$

（3）每万人在校大学生人数（人）。

指标解释：指城市每万人普通高等学校具有学籍的在校学生人数。

计算公式：

$$每万人在校大学生人数 = \frac{在校大学生人数}{地区常住人口} \times 10000 \qquad (7.23)$$

7.3 资源枯竭型城市生态转型效果评价模型构建

7.3.1 基于组合赋权法的指标权重确定方法

7.3.1.1 主观赋权—层次分析法

层次分析法（analytic hierarchy process，AHP），是一种定性与定量相结合的多准则决策方法。它的基本思路与人们对一个决策问题的思维、判断过程大体一致，具体来说，就是深入分析决策问题的影响因素和内在关系，建立目标层、准则层和方案层三层次结构，再通过影响因素之间的两两比较，用一定的标度对人的主观判断进行数量化，通过定性分析和定量判断，得出最底层（方案层）对最高层（目标层）的相对权重，以此对方案层进行排序，得出最优方案。这样就把决策过程更加细致化、层次化、数学化，广泛应用到处理复杂的决策问题中。为了避免两两比较判断过于复杂，每个层次中的指标不应太多，一般每一层次中的元素一般不超过 9 个，否则应该进一步划分若干子层。而且层次分析方法只考虑上下相邻两个层次间的相互作用，这样就要求同一层次的指标相互独立。层次分析法与其他主观分析法相比更注重系统和层次之间的逻辑关系。

以下是层次分析法赋权步骤。

第一步：建立层次结构模型。分析问题时首先要根据问题的性质、影响因素和要达到的目标，按照隶属关系有条理地将问题层次化。

第二步：构造判断矩阵。建立层次结构模型后，对同一层因素判断两两相对重要性，并用数值表示，构造判断矩阵 C。

一般来说将判断量化，通常使用 1~9 标度方法，如表 7.8 所示。

表 7.8　　　　　　　　　　层次分析法判断矩阵评分标准

标度	判断重要性等级	说明	C_{ij} 赋值
1	同等重要	i、j 两元素同等重要	1
2	稍微重要	i 元素比 j 元素稍微重要	3
3	明显重要	i 元素比 j 元素明显重要	5
4	强烈重要	i 元素比 j 元素强烈重要	7
5	极端重要	i 元素比 j 元素极端重要	9
6	稍不重要	i 元素比 j 元素稍不重要	1/3
7	明显不重要	i 元素比 j 元素明显不重要	1/5
8	强烈不重要	i 元素比 j 元素强烈不重要	1/7
9	极端不重要	i 元素比 j 元素极端不重要	1/9

说明：其中 C_{ij} 表示因素 i 和因素 j 相对于目标的重要值。其具有性质 $C_{ij} > 0$；$C_{ij} = 1/C_{ji} (i \neq j)$；$C_{ii} = 1 (i, j = 1, 2, \cdots, n)$。$C_{ij} = \{2, 4, 6, 8, 1/2, 1/4, 1/6, 1/8\}$ 表示重要性等级介于 $C_{ij} = \{1, 3, 5, 7, 1/3, 1/5, 1/7, 1/9\}$。

而构造的判断矩阵一般形式如下：

B_k	C_1	C_2	$\cdots$	C_n
C_1	C_{11}	C_{12}	$\cdots$	C_{1n}
C_2	C_{21}	C_{22}	$\cdots$	C_{2n}
$\cdots$	$\cdots$	$\cdots$	$\cdots$	$\cdots$
C_n	C_{n1}	C_{n2}	$\cdots$	C_{nn}

第三步：一致性检验。由于判断矩阵的建立是基于专家主观重要性判断的基础上，有可能会出现判断不一致。因此，为了保证应用层次分析法得到科学合理的结论，需要对判断矩阵进行一致性检验。

通常使用判断矩阵特征根的变化来检验判断矩阵的一致性程度。即：

$$CI = \frac{\lambda_{\max} - n}{n - 1} \tag{7.24}$$

其中 CI 值越大，判断矩阵偏离完全一致性的程度越大，CI 值越小（接近于0），判断矩阵偏离完全一致性的程度越小，一致性越好。因此，当 $CI = 0$，$\lambda_1 = \lambda_{\max} = n$，判断矩阵具有一致性。另外，对于不同阶的判断矩阵，衡量标准也不同。表7.9为1~9阶判断矩阵不同阶对应不同的 RI 值。当阶数小于等于2时，判断矩阵总是具有完全的一致性。当阶数大于2时，引入随机一致性比率 CR：

$$CR = \frac{CI}{RI} \tag{7.25}$$

当 $CR < 0.1$ 时，认为判断矩阵具有满意一致性，否则就要对判断矩阵的元素取值作相应的调整。

表7.9 平均随机一致性指标

1	2	3	4	5	6	7	8	9
0.00	0.00	0.58	0.90	1.12	1.24	1.32	1.41	1.45

第四步：权重确定。计算各层元素对目标层的合成权重 U，即将一级指标相对于总目标层的权重 U_1 乘以二级指标相对于一级指标 U_2 的权重，就得到二级指标在一级指标（总目标层）的权重。

7.3.1.2 客观赋权—熵值法

熵值法是评价和决策时经常使用的一种客观赋权方法，是对系统状态无序程度的一种度量，可以理解为出现的概率。其原理是根据熵值法得到各个指标的信息熵，信息熵越小，代表信息越有序，指标权重越大。

熵的表示为：

$$S = -K \sum_{j=1}^{n} P_j \ln(P_j) \qquad (7.26)$$

其中 K 为常数，当 $P_j = 1/n$ 时，各个信息发生的概率相等时，熵值 S 取值最大。

以下是熵值法确定权重步骤。

第一步：求出 P 矩阵。即求第 j 个属性下第 i 个评价对象的贡献度。

假设多属性决策矩阵如下：

$$C = \begin{bmatrix} X_{11} & X_{12} & \cdots & X_{1n} \\ X_{21} & X_{22} & \cdots & X_{2n} \\ \vdots & \vdots & \ddots & \vdots \\ X_{m1} & X_{m1} & \cdots & X_{mn} \end{bmatrix}$$

则可以用 $P_{ij} = \dfrac{X_{ij}}{\sum\limits_{i=1}^{m} X_{ij}}$ 表示第 j 个属性下第 i 个评价对象的贡献度。

其中 n、m 分别表示有 n 个评价对象、m 个评价指标。因此，利用公式可以首先求出 P 矩阵。

第二步：利用熵公式求出所有评价对象对属性 X_j 的贡献总量矩阵。

用 S_j 表示，即：

$$S_j = -K \sum_{j=1}^{n} P_{ij} \ln(P_{ij}) \qquad (7.27)$$

因信息熵 S_j 表示的是概率，因此 $0 \leqslant S_j \leqslant 1$，所以定义常数 $K = 1/\ln(m)$，这样可以保证 S_j 取值范围在 0 和 1 之间。

第三步：计算各评价对象贡献度的一致性程度，定义为 D_j，且 $D_j = 1 - S_j$。

第四步：求得权重 V_j。

用 V_j 表示，即：

$$V_j = \dfrac{D_j}{\sum_{j=1}^{n} D_j} \qquad (7.28)$$

7.3.1.3　组合赋权—离差最大化法

权重在综合评价体系中是重要的一部分，合理地分配权重是决策进行量化评估的关键，直接影响着解决决策问题的准确度，因此，权重的研究至关重要。层次分析法属于主观赋权法，其建立的基础是判断矩阵是否为一致矩阵，当矩阵的阶数较大时，判断矩阵往往不一定是一致矩阵，判断就显得困难。虽然在一致性检验部分属于客观分析，但是客观分析是建立在定性分析的基础上，定量数据较少。而熵值法能够客观地直接利用数据信息进行计算权重。本书引入离差最大化思想进行组合赋权，考虑决策人的主观意向和客观的数据支撑，可以使最终的组合评价值较为分散，便于决策和排序，避免评价者之间由于评价值接近，所选取评价方法的公平性问题。离差最大化法，根据所有评价指标的差异性来决定权重系数，如果在某个属性下样本之间的离差很大，表明这类数据在这个属性上的差异性很大，则该属性对结果的值就越大，即权重越大。相反，若某方案的某个属性值对于该方案的排序不起作用，则在决定方案的过程中意义不大，因此，对于重要性越强的属性应该被赋予较大的权重。综上，该方法中主要是用各指标之间的离差占所有指标之间总离差的比重来反映每个样本属性对于目标层的权重。

为了平衡主客观赋权方法对评价结果的影响，本书引用利差最大化思想进行组合权重的计算。其本质是使所有属性下的所有样本之间的离差最大，然后求解出离差最大时的权重，所以是应用到的一种求最大值的最优化模型。

若主观赋权权重向量为 $U = (w_1, w_2, w_3, \cdots, w_m)$，客观赋权权重向量为 $V = (u_1, u_2, u_3, \cdots, u_m)$，则可令组合权重向量为：

$$W = \alpha U + \beta V \qquad (7.29)$$

其中 α、β 为组合赋权的系数向量，且满足 $\alpha^2 + \beta^2 = 1$，因此，求出 α、β，也就求出了组合权重向量 W。

用离差最大化思想进行组合赋权，其主要思想是所有 m 个评价指标对所有 n 个评价对象的总离差达到最大。因此，可以构造目标函数。即：

$$\max H(w) = \sum_{i=1}^{m} \sum_{j=1}^{n} \sum_{k=1}^{n} |X_{jt}W_t - k_{kt}W_t| \qquad (7.30)$$

且约束条件为：$\begin{cases} \sum_{i=1}^{m} W_t^2 = 1 \\ 0 \leq W_t \leq 1, 1 \leq t \leq m \end{cases} \qquad (7.31)$

其中 $H(w)$ 即为所有 m 个评价指标 n 个评价对象的总离差。

令：

$$A = \left[\sum_{i=1}^{n} \sum_{k=1}^{n} |x_{1i} - x_{1k}|, \ \sum_{i=1}^{n} \sum_{k=1}^{n} |x_{2i} - x_{2k}|, \ \sum_{i=1}^{n} \sum_{k=1}^{n} \right.$$
$$\left. |x_{3i} - x_{3k}|, \ \cdots \sum_{i=1}^{n} \sum_{k=1}^{n} |x_{mi} - x_{mk}| \right] \tag{7.32}$$

则目标函数可以写为：

$$\max H(w) = AW \tag{7.33}$$

结合 $W = \alpha U + \beta V$，目标函数也是 α、β 的函数，最优化问题可以转化为：

$$\begin{cases} \max H(\alpha, \beta) = A(\alpha U + \beta V) \\ \alpha^2 + \beta^2 = 1 \end{cases} \tag{7.34}$$

通过解最优解并进行归一化处理得出 α、β：

$$\begin{cases} \alpha = \dfrac{AU}{AU + AV} \\ \beta = \dfrac{AV}{AU + AV} \end{cases} \tag{7.35}$$

最后将 α、β 代入公式求出最优化组合权重 W_j。即：$W = \alpha U + \beta V$

$$\tag{7.36}$$

7.3.2 基于改进 TOPSIS 法的综合评价模型

TOPSIS 法（Technique for Order Preference by Similarity to Ideal Solution，TOPSIS）是通过测度各评价指标与正负理想解的相对距离进行评级排序的一种逼近理想解的排序方法，又称优劣解距离法。其中正理想解方案或称最优解方案，负理想解或称最劣解方案，是 TOPSIS 法中的两个理想化目标，分别表示了各指标的理想化状态和非理想化状态。TOPSIS 方法概念简单，具有可操作性，对样本数量、指标多少均无严格限制，只要求各效用函数具有单调性，应用广泛灵活，排序明确，能够充分应用原始数据信息。是多目标决策中一种常用的有效评价方法。

以下是传统 TOPSIS 法评价一般步骤。

第一步：构建原始矩阵。假设有 n 个评价目标、m 个评价指标，设 X_{ij} 为第 i 个评价对象、第 j 个评价指标的指标数值。则构建如下原始矩

阵 C。

$$C = \begin{bmatrix} X_{11} & X_{12} & \cdots & X_{1n} \\ X_{21} & X_{22} & \cdots & X_{2n} \\ \vdots & \vdots & \ddots & \vdots \\ X_{m1} & X_{m1} & \cdots & X_{mn} \end{bmatrix}$$

第二步：对指标数据无量纲化处理，得到归一化矩阵 X_{ij}。

（1）正向指标的表示。对于正项指标，指标数值越大越好，表示生态转型效果越好。

若设 X_{ij} 为第 i 个评价对象、第 j 个评价指标标准化后的值，x_{ij} 为第 i 个评价对象、第 j 个评价指标原始数据值。则计算公式为：

$$X_{ij} = \frac{x_{ij} - \min(x_{ij})}{\max(x_{ij}) - \min(x_{ij})} \tag{7.37}$$

（2）逆向指标的表示。对于逆向指标，指标数值越小越好。计算公式为：

$$X_{ij} = \frac{\max(x_{ij}) - x_{ij}}{\max(x_{ij}) - \min(x_{ij})} \tag{7.38}$$

第三步：利用公式（4.1）至公式（4.11）确定指标组合权重 W_j。

第四步：构造加权规范化决策矩阵 Z。

$$Z = W_j X_{ij} \tag{7.39}$$

第五步：构造正、负理想解方案。传统正理想解（最优解）方案由每个指标的最大值构成。负理想解（最劣解）方案由每个指标的最小值构成。即：

$$\begin{cases} Z_j^+ = \max(Z_{1j}, Z_{2j}, Z_{3j}, \cdots, Z_{ij}) \\ Z_j^+ = \min(Z_{1j}, Z_{2j}, Z_{3j}, \cdots, Z_{ij}) \end{cases} \tag{7.40}$$

第六步：计算距离。计算各方案指标值与正理想解 X_j^+、负理想解 X_j^- 的距离。即：

$$\begin{cases} d_i^+ = \sqrt{\sum_{j=1}^{m} (Z_{ij} - Z_j^+)^2} \quad (j = 1, 2, 3, \cdots, m) \\ d_i^+ = \sqrt{\sum_{j=1}^{m} (Z_{ij} - Z_j^-)^2} \quad (j = 1, 2, 3, \cdots, m) \end{cases} \tag{7.41}$$

第七步：计算各评价对象的相对贴近度。其计算公式为：

$$C_i = \frac{d_i^+}{d_i^+ + d_i^-} \tag{7.42}$$

第八步：根据相对贴进度值 C_i，对评价对象进行优劣排序。贴进度分值取值在 0 和 1 之间，越接近 0，即相对贴进度值越小，表示评价对象越优。反之，越接近 1，即相对贴进度值越大，表示评价对象越差。评价对象较好的应该是贴近最优解的同时又远离最劣解。

传统 TOPSIS 法也存在一定的局限性，会随着评价对象的变化出现逆序问题，即当增加或减少评价对象时，会作用到评价结果。逆序问题的产生主要有两方面的原因：一方面，由于 TOPSIS 法评价时的权重一般采用主观判断，有较大的主观随意性，不同的权重系数会导致评价结果的改变；另一方面，由于正负理想解会随着评价对象数量的改变而引起评价标准的改变，最终也会导致评价结果的改变。因此，本书使用 TOPSIS 法进行综合评价时做了一些改进，改进部分主要在以下三个方面。

（1）组合赋权确定权重。本书在确定评价指标权重时，采用主客观赋权的方法，消除两种赋权的缺点，综合了两种赋权方法的优点，避免了单一赋权方法所带来的偏向性。

（2）正负理想解的确定。理想解方案中的各指标理想值应该是未来某一时点上的指标满意值，不应直接选取评价对象现状值的最大、最小值，应该要考虑实际发展趋势和相关标准。此外，本书采用极差变化对正向指标和负向指标数据进行归一化处理，此时正负理想解为 $d_i^+ = (1, 1, 1, \cdots, 1)$，$d_i^- = (0, 0, 0, \cdots, 0)$，优点就是正负理想解的取值为固定值，不会随着评价样本数量的改变而改变。

（3）贴进度的计算。传统 TOPSIS 法评价原理是计算各指标数值接近正、负理想解的程度来判断评价对象的优劣性，评价对象距离正理想解近的同时又远离负理想解为最优。但是有时会出现距离正理想解近的同时又接近负理想解。此时排序的结果并不能完全反映数据的优劣性，因此，本书采用对贴进度的计算进行改进，改进后的计算公式为：

$$C = \sqrt{\left[d_i^+ - \min(d_i^+) \right]^2 + \left[d_i^- - \max(d_i^-) \right]^2} \tag{7.43}$$

7.4 焦作等 24 个资源枯竭型城市综合评价及结果分析

7.4.1 焦作等 24 个资源枯竭型城市概况

7.4.1.1 整体概况

在全国 69 个资源枯竭型城市中，有些县或县级市的数据并不完善，不易获得。因此，考虑到指标数据的可获取性及可比性，本书选择的研究对象是全国资源枯竭型城市 24 个地级市，按照地区顺序排列如下：东部地区：枣庄市、韶关市；东北地区：辽源市、白山市、阜新市、抚顺市、盘锦市、伊春市、七台河市、鹤岗市、双鸭山市；中部地区：焦作市、濮阳市、淮北市、铜陵市、黄石市、萍乡市、景德镇市、新余市；西部地区：铜川市、泸州市、白银市、乌海市、石嘴山市，如表 7.10 所示。运用所建立的评价指标体系和构建的评价方法，评价分析供给侧结构性改革背景下资源枯竭城市生态转型的效果，为设计生态转型路径提供理论基础。

表 7.10　　　　　　　2016 年焦作等 24 个资源枯竭型城市概况

城市	城市规模	行政区域土地面积（平方公里）	GDP（亿元）	人口（万人）	居民消费价格指数（%）
枣庄市	中等城市	4564	2142.63	4313.23	101.7
韶关市	中等城市	18413	1218.39	334.40	101.9
辽源市	Ⅰ型小城市	5140	765.25	120.80	101.1
白山市	Ⅰ型小城市	17505	696.62	125.37	101.3
阜新市	中等城市	10355	407.82	188.90	102.2
抚顺市	Ⅱ型大城市	11272	865.07	214.80	102.5
盘锦市	中等城市	4065	1007.14	130.10	101.6
伊春市	中等城市	32800	251.22	117.58	101.5

城市	城市规模	行政区域土地面积（平方公里）	GDP（亿元）	人口（万人）	居民消费价格指数（%）
七台河市	Ⅰ型小城市	6221	216.64	80.13	100.9
鹤岗市	中等城市	14679	264.10	103.63	101.5
双鸭山市	Ⅰ型小城市	22681	437.40	144.57	102.4
焦作市	中等城市	4071	2095.08	373.03	101.4
濮阳市	Ⅰ型小城市	4188	1449.56	394.45	101.6
淮北市	中等城市	2741	799.03	216.54	101.3
铜陵市	Ⅰ型小城市	2991	957.30	170.85	101.1
黄石市	中等城市	4583	1305.55	269.90	102.1
萍乡市	Ⅰ型小城市	3831	998.28	191.42	102.1
景德镇市	Ⅰ型小城市	5261	840.15	165.49	101.8
新余市	Ⅰ型小城市	3178	1036.19	117.37	101.5
铜川市	Ⅰ型小城市	3882	311.61	83.54	101.3
泸州市	中等城市	12236	1481.91	508.30	102.1
白银市	Ⅰ型小城市	21158	442.21	180.76	102.0
乌海市	Ⅰ型小城市	1669	57.23	55.83	101.4
石嘴山市	Ⅰ型小城市	5310	513.57	79.51	101.7

注：1. 地区划分：按照经济区域划分，可分中部、东部、东北和西部四大经济区域。

2. 确定批次：我国分别在 2008 年、2009 年及 2012 年分 3 批次确定了 69 个资源枯竭型城市。

3. 城市规模：按照中国 2014 年划分城市规模的标准进行划分。

（分类标准：按照城区常住人口划分，小城市：Ⅱ型 20 万以下，Ⅰ型 20 万以上 50 万以下；中等城市：50 万以上 100 万以下；大城市：Ⅱ型 100 万以上 300 万以下，Ⅰ型 300 万以上 500 万以下；特大城市：500 万以上 1000 万以下；超大城市：1000 万以上）

资料来源：《中国城市统计年鉴》2016 以及各个城市 2017 年统计年鉴。

7.4.1.2　转型现状

关于资源枯竭型城市的转型，每个城市都有其特殊的地理位置和资源禀赋，不同的学者在不同时期总结出了不同的转型模式，如表 7.11 所示。

表 7.11　　　　　　　部分学者相关资源枯竭型城市转型模式的研究

专家	转型模式	具体内容
陈建辉（2004）	五种模式	以同种资源为基础发展替代产业
		以替代资源为基础发展替代产业
		以优势产业为主发展生态产业
		利用高新技术产业提升改造传统产业
		退出传统工矿业而发展现代农业
谭飞、宋长青（2006）	四种模式	资源转换
		科技主导
		发展循环经济和延长产业链
		建立再就业特区
阮晓冬（2013）	三种模式	产业链延伸模式
		创新经济模式
		多元化综合发展模式

　　一般资源枯竭型城市转型主要有三种战略转换，一是全线退出传统领域，开辟新的产业。二是从单一产业结构过渡到多元化的产业结构，促进资源枯竭型城市向综合型城市转变。三是按照相关产业链的延伸推进相关产业的发展，特别是通过发展替代产业，实现城市经济结构的升级。

　　根据焦作等 24 个资源枯竭型城市转型的基本思路与做法，从产业形态方面来说，本书将资源枯竭型城市转型的路径分为三种：一是产业延伸型，即是在原有煤炭、石油、森林、有色金属等矿产资源开发的基础上，引导资源型产业向产业链中高端拓展延伸，提高资源的附加值，适合资源供应较稳定、有科技人才资源支撑的城市。二是产业替代型，指发展与自然资源开发不相关的其他产业来摆脱对自然资源的依赖，这是一种最彻底的产业转型升级模式，如通过发展循环经济、低碳经济、清洁能源业、高新技术产业、旅游业、文化业等形成新的经济增长点和新产业链，适用于资源开发成本高或资源已经枯竭的城市，转型难度也是相当的大。三是产业复合型，也就是多元综合发展模式，它是以上两种模式的复合，指将产业链延伸的同时充分挖掘城市的其他优势，打造多元化的新兴产业，改变单一产业结构向多元化综合发展，推进城市综合性发展。适合资源依赖性强同时又存在其他优势的城市。

　　根据以上分析，24 个资源枯竭型产业转型的情况总结如表 7.12 所示。

表 7.12　　　　　　　　　焦作等 24 个资源枯竭型城市转型现状

城市	确定批次	资源类型	具体转型思路
枣庄市	第 2 批	煤	以煤化工、重建台儿庄古城和棚改为突破口，重点推进煤炭工业升级、文化旅游发展和城市建设
韶关市	第 3 批	煤、铁	实施大旅游发展战略，将旅游业发展作为韶关转型升级、融入珠三角的重要抓手，着力实现旅游资源大市向旅游经济强市的跨越，把韶关建设成为广东生态旅游休闲区和国家旅游产业集聚区
辽源市	第 1 批	煤	以煤炭产业域外开发为依托，积极发展接续替代产业，确立了新材料、新能源、医药健康、装备设备制造、冶金建材和纺织袜业六大新型替代产业，同时民营经济也成为带动当地经济发展的中坚力量
白山市	第 1 批	煤	因势利导，将旅游作为支柱产业，建成"长白山旅游集散中心、东北亚旅游名城、国际旅游休闲度假目的地"
阜新市	第 1 批	煤	利用资源优势，发展新能源和现代农业
抚顺市	第 2 批	煤	以石油作为替代产业，形成以石油、化工、电力、冶金等重工业部门为支柱的综合性工业体系，同时把旅游业作为城市转型的支柱产业和切入点，实现了旅游产业从"国民经济的边缘产业"向"牵动城市转型的战略性支柱产业"的转变
盘锦市	第 1 批	石油	以油气资源为依托，向上、下游延伸产业链，发展塑料加工、合成橡胶、合成纤维等高附加值石化深加工产品；同时高新技术投入和可持续发展，选择发展具有更高效益和含金量的接续替代产业
伊春市	第 1 批	森工	从独木支撑到多业成林接续替代产业并进，规划了"清洁能源产业、森林食品产业、森林生态旅游业、传统的木材集成加工产业、原有钢铁矿产工业的改造与深加工"五个接续替代产业，实现了"资源发展"向"生态发展"的成功转型
七台河市	第 2 批	煤	现代煤化工产业体系形成，全力打造非煤支柱产业群，推进新材料、新能源、生物亿元、先进制造、绿色食品、现代服务业等多点支撑、多业并举、多元发展的新型产业格局
鹤岗市	第 3 批	煤	煤与非煤产业双轮驱动，"绿色矿业、生态农业、文化旅游、外贸物流、战略新兴"五大产业多元拉动，打造"龙江东部工业强市、中国北方鱼米之乡、中俄界江旅游胜地"

城市	确定批次	资源类型	具体转型思路
双鸭山市	第 3 批	煤	大力发展接续产业，在煤电化产业、绿色食品加工业、畜牧产业、林业经济、黑土湿地旅游产业、对外经贸产业六个方面实现新突破
焦作市	第 1 批	煤	延长产业链，走循环经济之路；培育战略性新兴产业，走出一条新型工业化之路；大力发展旅游业，走绿色发展之路
濮阳市	第 3 批	石油	采用传统产业升级和高新技术产业共同发展
淮北市	第 2 批	煤	初步形成煤—焦—电—化—材循环经济产业链，全力培育电子信息、铝基和碳基新材料、生物科技、绿色食品等战略新兴产业和文化旅游、健康养老、"互联网＋"新业态等现代服务业，逐步形成了"深改湖、浅造田、不深不浅种藕莲""稳建厂、沉修路、半稳半沉栽上树"等采煤塌陷区综合治理模式
铜陵市	第 2 批	石油	以改造提升传统产业，发展接续产业为主线，打造皖中南中心城市
黄石市	第 2 批	铁铜煤	通过改制传统资源型企业，引入外部资本，从粗加工到精深加工到成品，建成全国最大的特钢、钢管和模具钢产业基地、中部地区最大的铜压延加工基地
萍乡市	第 1 批	煤	改造提升"黑（煤炭）、白（陶瓷）、灰（建材）、红（烟花爆竹）、金（冶金）"五大传统支柱产业，培育新能源、新材料、先进装备制造、生物医药、现代服务业五大战略性新兴产业，形成了"新、旧"搭配多元化产业支撑体系
景德镇市	第 2 批	瓷	改造提升传统产业，优化特色优势产业格局，培育战略性新兴产业，打造陶瓷、航空和汽车等装备制造业及旅游三大类产业
新余市	第 3 批	铁	工业经济由过去的"一钢独大"转变为以钢铁、新能源、新材料三大产业为支柱的新型工业体系。同时，培育光电信息、装备制造、生物医药、节能环保、绿色食品等发展战略性新兴产业
铜川市	第 2 批	煤	做优做强"精煤、强铝、扩电、优水泥"四大传统支柱产业，做大做强"提陶瓷、精装备、强医药、活食品、添能源、兴新兴产业"六大接续产业，向传统产业与接续产业"双轮驱动"多元支撑的新型工业体系转变

城市	确定批次	资源类型	具体转型思路
泸州市	第3批	天然气	转型发展白酒、化工、能源、机械等传统产业，创新发展现代医药、新能源新材料、高端装备制造、智能电网、大数据等战略新兴产业
白银市	第1批	银铜	项目开发方式以自我开发为主向借助外力求发展，产业布局由比较分散向强化园区、实现集群转变
乌海市	第3批	煤	实施"焦炭气化"战略，引导煤焦企业延伸发展LNG、甲醇、烯烃等下游产业链，实现煤焦生产加工基地向清洁能源生产和加工基地转变；同时，着力培育壮大特色装备制造、生物制药等战略性新兴产业，促进支柱产业多元化、规模化发展
石嘴山市	第1批	煤	通过循环经济和园区管理，从能耗中挖掘发展空间

城市的一些经验和教训肯定值得其他资源枯竭型城市借鉴，但却不能被完全复制。每个城市都有每个城市的特点，其资源丰裕度和发展阶段各异，资源枯竭型城市选择发展接续替代产业还是多元化综合发展模式，应该根据自己的地域优势各显其能去发展，不能拘泥于一些固定的模式。

7.4.2　焦作等24个资源枯竭型城市数据来源及处理

7.4.2.1　数据来源

本书所建立的资源枯竭型城市生态转型效果评价体系指标分5个一级指标共26个评价指标。数据来源于《中国城市统计年鉴》《中国城市建设统计年鉴》《中国环境统计年鉴》，另外，还有各市统计年鉴、各省统计年鉴以及各城市年统计公报。由于研究城市以及指标数据较多，部分城市的个别指标缺失，为了不影响最终评价结果且力求评价结果客观准确，保证数据的完整性和可对比性，采用上年数据代替或分析发展趋势进行估计，最终完成整个数据的收集工作。

7.4.2.2 数据处理

在进行评价时，由于不同的评价指标往往度量单位、量纲、数量级和属性等不同类型，一般不能直接用原始数据直接进行评价或排序，为了避免不同量纲、单位、单位等对评价结果的影响，使其具有可比性，首先，应对评价指标数据采用无量纲化处理。经过标准化处理之后的原始数据处于同一量级，适合进行综合评价。对评价指标标准化的方法有线性变换法、极差法、向量变换法等，本书采用极差法对样本原始数据进行标准化处理，其基本指导思想是将最好的指标值规范化后为最大值，将最差指标值规范化后为最小值 0，其余指标值均介于 0 和 1 之间。无量纲化的实质是通过数学方法，将个指标的"属性值"转化为可以综合处理的"量化值"，将指标值压缩在（0，1）区间内。

根据公式（7.37）、公式（7.38）正向指标和逆向指标不同的标准化处理方法，在评价之前，首先对数据进行归一化方法处理。

7.4.3 焦作等 24 个资源枯竭型城市评价指标权重的确定

7.4.3.1 主观赋权—层次分析法

根据 7.3.1 节所列层次分析法步骤，邀请相关领域的 5 位专家对指标的两两重要性判断，采用 AHP 软件计算出指标权重。

（1）一级指标相对于目标层赋权如表 7.13 所示。

表 7.13   一级指标相对于目标层赋权

A	A_1	A_2	A_3	A_4	A_5	单层权重
A_1	1	1	1/3	1/5	1	0.0647
A_2	3	1	1	1/3	1	0.1111
A_3	5	3	1	1/3	1	0.2115
A_4	5	5	3	1	3	0.5016
A_5	1	1	1	1/5	1	0.1111

注：$\lambda_{max} = 5.3427$；$CI = 0.0857$；$RI = 1.12$；$CR = 0.0765 < 0.1$，通过一致性检验。

（2）二级指标相对于一级指标层权重如表 7.14~表 7.18 所示。

表 7.14 资源节约

A_1	B_1	B_2	B_3	B_4	单层权重
B_1	1	2	1/5	1/3	0.1099
B_2	1/2	1	1/7	1/5	0.0629
B_3	5	7	1	2	0.5262
B_4	3	5	1/2	1	0.3010

注：$\lambda_{max} = 4.0201$；$CI = 0.0067$；$RI = 0.9$；$CR = 0.0074 < 0.1$，通过一致性检验。

表 7.15 经济持续

A_2	B_5	B_6	B_7	B_8	B_9	单层权重
B_5	1	1/5	3	1/3	3	0.1410
B_6	5	1	3	2	5	0.4253
B_7	3	1/3	1	1/2	4	0.1156
B_8	3	1/2	2	1	5	0.2683
B_9	1/2	1/5	1/4	1/5	1	0.0499

注：$\lambda_{max} = 5.4124$；$CI = 0.1031$；$RI = 1.12$；$CR = 0.0921 < 0.1$，通过一致性检验。

表 7.16 社会进步

A_3	B_{10}	B_{11}	B_{12}	B_{13}	B_{14}	B_{15}	单层权重
B_{10}	1	2	3	3	5	5	0.3623
B_{11}	1/2	1	3	3	5	5	0.2876
B_{12}	1/3	1/3	1	1	2	2	0.1143
B_{13}	1/3	1/3	1	1	2	2	0.1143
B_{14}	1/5	1/5	1/2	1/2	1	1	0.0607
B_{15}	1/5	1/5	1/2	1/2	1	1	0.0607

注：$\lambda_{max} = 6.0615$；$CI = 0.0123$；$RI = 1.24$；$CR = 0.0099 < 0.1$，通过一致性检验。

表 7.17 环境友好

A_4	B_{16}	B_{17}	B_{18}	B_{19}	B_{20}	B_{21}	B_{22}	单层权重
B_{16}	1	1	1/2	1/3	1/3	1/3	1/3	0.0617
B_{17}	1	1	1/2	1/3	1/3	1/3	1/3	0.0617
B_{18}	2	2	1	1/2	1/2	1/2	1/2	0.1047
B_{19}	3	3	2	1	1	1	1	0.1930
B_{20}	3	3	2	1	1	1	1	0.1930
B_{21}	3	3	2	1	1	1	1	0.1930
B_{22}	3	3	2	1	1	1	1	0.1930

注：$\lambda_{max} = 7.0135$；$CI = 0.0023$；$RI = 1.32$；$CR = 0.0017 < 0.1$，通过一致性检验。

表 7.18 创新引领

A_1	B_{23}	B_{24}	B_{25}	单层权重
B_{23}	1	1/2	1	0.2500
B_{24}	2	1	2	0.5000
B_{25}	1	1/2	1	0.2500

注：$l_{max} = 3$；$CI = 0$；$RI = 0.58$；$CR = 0 < 0.1$，通过一致性检验。

（3）目标层相对于指标层权重如表 7.19 所示。

表 7.19 各评价指标层次分析法赋权结果

一级指标	单层权重	二级指标	单层权重	总权重 W
A_1 资源节约	0.0647	B_1 人均日生活用水量	0.1099	0.0071
		B_2 城市建设用地占市区面积比重	0.0629	0.0041
		B_3 单位国内生产总值（GDP）能耗	0.5262	0.0340
		B_4 工业固体废物综合利用率	0.3010	0.0195
A_2 经济持续	0.1111	B_5 人均国内生产总值	0.1410	0.0157
		B_6 第三产业增加值占 GDP 比重	0.4253	0.0473
		B_7 农民人均纯收入	0.1156	0.0128
		B_8 固定资产投资	0.2683	0.0298
		B_9 城镇登记失业率	0.0499	0.0055

一级指标	单层权重	二级指标	单层权重	总权重 W
A_3 社会和谐	0.2115	B_{10} 城乡居民收入比	0.3623	0.0766
		B_{11} 城镇居民恩格尔系数	0.2876	0.0608
		B_{12} 城市燃气普及率	0.1143	0.0242
		B_{13} 每万人医院、卫生院床位数	0.1143	0.0242
		B_{14} 每万人拥有公共汽车	0.0607	0.0128
		B_{15} 每百人公共图书馆藏书	0.0607	0.0128
A_4 环境友好	0.5016	B_{16} 人均公园绿地面积	0.0617	0.0309
		B_{17} 建成区绿化覆盖率	0.0617	0.0309
		B_{18} 污水处理厂集中处理率	0.1047	0.0525
		B_{19} 工业废水排放强度	0.1930	0.0968
		B_{20} 工业二氧化硫排放强度	0.1930	0.0968
		B_{21} 工业烟尘排放强度	0.1930	0.0968
		B_{22} 环保支出占 GDP 比重	0.1930	0.0968
A_5 创新引领	0.1111	B_{22} 科技支出占财政支出比重	0.2500	0.0278
		B_{24} R&D 经费支出占 GDP 比重	0.5000	0.0556
		B_{25} 每万人在校大学生人数	0.2500	0.0278

7.4.3.2　客观赋权—熵值法

根据 7.3.1 节所列熵值法赋权步骤及式（7.26）、式（7.27）、式（7.28），用 Excel 计算出个指标权重，结果如表 7.20 所示。

表 7.20　　　　　　　　　2010～2016 年各评价指标熵值法指标权重

指标	各年熵值法指标权重						
	2010 年	2011 年	2012 年	2013 年	2014 年	2015 年	2016 年
B_1	0.0346	0.0308	0.0306	0.0278	0.0264	0.0213	0.0289
B_2	0.1058	0.1176	0.1331	0.1276	0.1136	0.0993	0.1128
B_3	0.0316	0.0346	0.0324	0.0317	0.0280	0.0244	0.0317
B_4	0.0169	0.0183	0.0191	0.0154	0.0135	0.0105	0.0128

指标	各年熵值法指标权重						
	2010 年	2011 年	2012 年	2013 年	2014 年	2015 年	2016 年
B_5	0.0341	0.0336	0.0319	0.0338	0.0319	0.0254	0.0262
B_6	0.0130	0.0130	0.0129	0.0144	0.0112	0.0090	0.0104
B_7	0.0150	0.0146	0.0140	0.0148	0.0130	0.0103	0.0112
B_8	0.0402	0.0413	0.0376	0.0414	0.0521	0.0505	0.0782
B_9	0.0116	0.0117	0.0121	0.0148	0.0135	0.0107	0.0127
B_{10}	0.0160	0.0158	0.0150	0.0152	0.0129	0.0104	0.0115
B_{11}	0.0109	0.0109	0.0105	0.0124	0.0131	0.0096	0.0111
B_{12}	0.0131	0.0160	0.0156	0.0157	0.0135	0.0093	0.0105
B_{13}	0.0163	0.0153	0.0143	0.0146	0.0125	0.0107	0.0121
B_{14}	0.0252	0.0218	0.0192	0.0228	0.0181	0.0221	0.0250
B_{15}	0.0414	0.0360	0.0365	0.0439	0.0331	0.0293	0.0365
B_{16}	0.0236	0.0199	0.0183	0.0189	0.0157	0.0140	0.0165
B_{17}	0.0137	0.0144	0.0170	0.0130	0.0115	0.0092	0.0103
B_{18}	0.0197	0.0159	0.0158	0.0152	0.0126	0.0098	0.0097
B_{19}	0.0665	0.0548	0.0530	0.0629	0.0533	0.0456	0.0670
B_{20}	0.0749	0.0803	0.0740	0.0768	0.0767	0.0656	0.0817
B_{21}	0.0872	0.0981	0.0935	0.1097	0.0765	0.0708	0.0811
B_{22}	0.0467	0.0602	0.0568	0.0589	0.0451	0.2050	0.0636
B_{23}	0.0505	0.0440	0.0589	0.0625	0.1186	0.0777	0.0925
B_{24}	0.0999	0.0800	0.0786	0.0815	0.0773	0.0650	0.0726
B_{25}	0.0918	0.1009	0.0994	0.0544	0.1062	0.0844	0.0733

7.4.3.3 组合赋权—离差最大化法

将以上两节从主客观两个角度计算出的评价指标权重代入组合赋权的计算公式里，最终可求出资源枯竭型城市生态转型效果评价指标的权重，如表 7.21 所示。

表 7.21　2010~2016 年焦作等 24 个资源枯竭型城市生态转型效果评价指标权重

指标	层次分析—熵权法组合赋权							组合权重均值
	2010 年	2011 年	2012 年	2013 年	2014 年	2015 年	2016 年	
B_1	0.0210	0.0193	0.0190	0.0175	0.0167	0.0141	0.0181	0.0179
B_2	0.0553	0.0622	0.0693	0.0660	0.0586	0.0507	0.0587	0.0601
B_3	0.0328	0.0344	0.0332	0.0329	0.0310	0.0293	0.0329	0.0324
B_4	0.0182	0.0189	0.0193	0.0174	0.0165	0.0151	0.0161	0.0174
B_5	0.0250	0.0248	0.0239	0.0247	0.0238	0.0204	0.0209	0.0234
B_6	0.0300	0.0297	0.0299	0.0308	0.0293	0.0285	0.0288	0.0296
B_7	0.0139	0.0137	0.0134	0.0138	0.0129	0.0116	0.0120	0.0131
B_8	0.0350	0.0357	0.0337	0.0356	0.0409	0.0400	0.0541	0.0393
B_9	0.0086	0.0087	0.0089	0.0102	0.0095	0.0081	0.0091	0.0090
B_{10}	0.0461	0.0455	0.0454	0.0458	0.0449	0.0442	0.0439	0.0451
B_{11}	0.0356	0.0353	0.0354	0.0366	0.0371	0.0358	0.0358	0.0359
B_{12}	0.0186	0.0200	0.0198	0.0199	0.0189	0.0169	0.0173	0.0188
B_{13}	0.0202	0.0196	0.0192	0.0194	0.0184	0.0176	0.0181	0.0189
B_{14}	0.0191	0.0174	0.0160	0.0178	0.0155	0.0174	0.0189	0.0175
B_{15}	0.0273	0.0247	0.0248	0.0284	0.0229	0.0209	0.0247	0.0248
B_{16}	0.0272	0.0253	0.0245	0.0249	0.0234	0.0227	0.0237	0.0245
B_{17}	0.0222	0.0225	0.0239	0.0219	0.0213	0.0203	0.0206	0.0218
B_{18}	0.0360	0.0338	0.0339	0.0338	0.0326	0.0316	0.0310	0.0333
B_{19}	0.0816	0.0753	0.0746	0.0798	0.0751	0.0717	0.0818	0.0771
B_{20}	0.0857	0.0883	0.0853	0.0868	0.0868	0.0815	0.0892	0.0862
B_{21}	0.0920	0.0975	0.0951	0.1033	0.0867	0.0841	0.0889	0.0925
B_{22}	0.0716	0.0780	0.0766	0.0778	0.0711	0.1498	0.0801	0.0864
B_{23}	0.0392	0.0361	0.0435	0.0452	0.0730	0.0522	0.0603	0.0499
B_{24}	0.0779	0.0681	0.0672	0.0685	0.0664	0.0602	0.0641	0.0675
B_{25}	0.0600	0.0652	0.0640	0.0411	0.0668	0.0555	0.0507	0.0576

　　根据熵值法计算出每年的指标权重，由于熵值法计算权重是根据每年的实际数据计算出来的，会受到数值变化的影响，为保证纵向可比较性，

取 2010~2016 年组合权重的平均值作为最终赋权的权重。

7.4.4 焦作等 24 个资源枯竭型城市生态转型效果测度与分析

7.4.4.1 焦作等 24 个资源枯竭型城市生态转型效果测度

（1）焦作等 24 个资源枯竭型城市生态转型综合成效测度。根据 TOP-SIS 法计算步骤，首先根据归一化处理的数据得出加权矩阵，根据加权矩阵确定正理想解和负理想解，结合规范化矩阵分别计算出各指标到正理想解和负理想解的欧几里得距离，最后利用公式计算出各个城市 2010~2016 年的生态转型效果综合贴近度及各个城市分维度转型效果贴近度，如表 7.22、表 7.23 所示。

表 7.22   2010~2016 年焦作等 24 个资源枯竭型城市生态转型效果综合贴近度值

城市	贴近度（C_j）							贴近度均值	排序
	2010 年	2011 年	2012 年	2013 年	2014 年	2015 年	2016 年		
枣庄市	0.0352	0.0266	0.0381	0.0174	0.0359	0.0249	0.0293	0.0296	3
韶关市	0.0422	0.0342	0.0534	0.0438	0.0455	0.0346	0.0280	0.0402	11
阜新市	0.0391	0.0559	0.0670	0.0514	0.0645	0.0897	0.0571	0.0607	20
抚顺市	0.0172	0.0235	0.0301	0.0156	0.0373	0.0437	0.0510	0.0312	5
盘锦市	0.0409	0.0289	0.0370	0.0275	0.0357	0.0455	0.0436	0.0370	8
辽源市	0.0259	0.0180	0.0405	0.0151	0.0351	0.0468	0.0360	0.0311	4
白山市	0.0413	0.0080	0.0305	0.0352	0.0443	0.0488	0.0353	0.0348	7
伊春市	0.0555	0.0246	0.0451	0.0166	0.0458	0.0303	0.0419	0.0371	9
七台河	0.0628	0.0605	0.0837	0.0564	0.0701	0.0768	0.0720	0.0689	23
鹤岗市	0.0442	0.0538	0.0690	0.0718	0.0726	0.0782	0.0767	0.0666	22
双鸭山	0.0422	0.0575	0.0622	0.0629	0.0834	0.0704	0.0477	0.0609	21
焦作市	0.0400	0.0252	0.0373	0.0330	0.0485	0.0285	0.0221	0.0335	6
濮阳市	0.0620	0.0529	0.0678	0.0379	0.0602	0.0533	0.0488	0.0547	16
淮北市	0.0524	0.0419	0.0506	0.0418	0.0504	0.0483	0.0282	0.0448	13

城市	贴近度（C_j）							贴近度均值	排序
	2010 年	2011 年	2012 年	2013 年	2014 年	2015 年	2016 年		
铜陵市	0.0031	0.0138	0.0069	0.0131	0.0013	0.0000	0.0000	0.0055	1
黄石市	0.0417	0.0525	0.0489	0.0474	0.0563	0.0406	0.0465	0.0477	14
萍乡市	0.0094	0.0475	0.0529	0.0357	0.0562	0.0527	0.0225	0.0395	10
景德镇	0.0323	0.0397	0.0564	0.0392	0.0549	0.0426	0.0400	0.0436	12
新余市	0.0087	0.0173	0.0110	0.0220	0.0532	0.0431	0.0231	0.0255	2
泸州市	0.0677	0.0516	0.0623	0.0427	0.0657	0.0432	0.0458	0.0542	15
铜川市	0.0278	0.0596	0.0798	0.0443	0.0712	0.0803	0.0227	0.0551	17
白银市	0.0763	0.0684	0.0622	0.0236	0.0703	0.0753	0.0468	0.0604	19
乌海市	0.0356	0.0617	0.0639	0.0500	0.0814	0.0669	0.0585	0.0597	18
石嘴山	0.0722	0.0827	0.0941	0.0781	0.0886	0.1026	0.0974	0.0880	24

（2）焦作等 24 个资源枯竭型城市生态转型分维度成效测度。

表 7.23　　　　　　2010 ~ 2016 年焦作等 24 个资源枯竭型城市

生态转型分维度综合贴近度值

城市	维度	2010 年	2011 年	2012 年	2013 年	2014 年	2015 年	2016 年	均值
枣庄	资源节约	0.0051	0.0043	0.0037	0.0056	0.0062	0.0063	0.0112	0.0061
	经济持续	0.0077	0.0017	0.0003	0.0005	0.0006	0.0019	0.0255	0.0054
	社会和谐	0.0256	0.0230	0.0271	0.0254	0.0317	0.0268	0.0229	0.0261
	环境友好	0.0594	0.0661	0.0490	0.0543	0.0396	0.0418	0.0446	0.0507
	创新引领	0.0925	0.0848	0.1069	0.0463	0.0882	0.0922	0.0571	0.0812
韶关	资源节约	0.0125	0.0105	0.0113	0.0128	0.0137	0.0137	0.0180	0.0132
	经济持续	0.0110	0.0116	0.0129	0.0130	0.0106	0.0134	0.0114	0.0120
	社会和谐	0.0412	0.0407	0.0429	0.0407	0.0304	0.0317	0.0298	0.0368
	环境友好	0.0710	0.0780	0.0674	0.0776	0.0482	0.0449	0.0430	0.0615
	创新引领	0.0721	0.0591	0.0917	0.0481	0.0927	0.0985	0.0557	0.0740

城市	维度	2010 年	2011 年	2012 年	2013 年	2014 年	2015 年	2016 年	均值
阜新	资源节约	0.0331	0.0303	0.0552	0.0623	0.0636	0.0610	0.0310	0.0481
	经济持续	0.0251	0.0251	0.0257	0.0270	0.0311	0.0346	0.0246	0.0276
	社会和谐	0.0285	0.0278	0.0280	0.0153	0.0256	0.0245	0.0212	0.0244
	环境友好	0.0445	0.0830	0.0639	0.0638	0.0626	0.0894	0.0776	0.0693
	创新引领	0.0888	0.0752	0.0990	0.0633	0.0671	0.1063	0.0517	0.0788
抚顺	资源节约	0.0433	0.0203	0.0145	0.0189	0.0216	0.0204	0.0247	0.0234
	经济持续	0.0068	0.0025	0.0033	0.0034	0.0119	0.0187	0.0243	0.0101
	社会和谐	0.0254	0.0183	0.0195	0.0110	0.0244	0.0265	0.0257	0.0215
	环境友好	0.0212	0.0541	0.0403	0.0348	0.0356	0.0495	0.0700	0.0436
	创新引领	0.0830	0.0813	0.1018	0.0693	0.0911	0.1076	0.0513	0.0836
盘锦	资源节约	0.0495	0.0465	0.0379	0.0500	0.0534	0.0615	0.0612	0.0514
	经济持续	0.0062	0.0053	0.0058	0.0063	0.0052	0.0112	0.0153	0.0079
	社会和谐	0.0078	0.0077	0.0085	0.0085	0.0237	0.0200	0.0166	0.0132
	环境友好	0.0434	0.0499	0.0225	0.0341	0.0137	0.0317	0.0360	0.0331
	创新引领	0.1146	0.1088	0.1319	0.0782	0.0835	0.1359	0.0842	0.1053
辽源	资源节约	0.0186	0.0197	0.0099	0.0147	0.0179	0.0160	0.0163	0.0161
	经济持续	0.0188	0.0239	0.0228	0.0247	0.0287	0.0284	0.0258	0.0247
	社会和谐	0.0141	0.0241	0.0282	0.0219	0.0156	0.0294	0.0167	0.0214
	环境友好	0.0267	0.0245	0.0301	0.0159	0.0143	0.0413	0.0370	0.0271
	创新引领	0.1161	0.1114	0.1306	0.0818	0.1195	0.1327	0.0865	0.1112
白山	资源节约	0.0176	0.0113	0.0056	0.0033	0.0102	0.0097	0.0000	0.0082
	经济持续	0.0268	0.0233	0.0233	0.0267	0.0306	0.0303	0.0265	0.0268
	社会和谐	0.0253	0.0225	0.0265	0.0317	0.0366	0.0387	0.0201	0.0288
	环境友好	0.0380	0.0000	0.0102	0.0311	0.0163	0.0410	0.0371	0.0248
	创新引领	0.1254	0.1224	0.1399	0.1131	0.1241	0.1375	0.0887	0.1216
伊春	资源节约	0.0015	0.0021	0.0026	0.0032	0.0050	0.0030	0.0075	0.0036
	经济持续	0.0353	0.0368	0.0371	0.0366	0.0395	0.0406	0.0362	0.0375
	社会和谐	0.0142	0.0236	0.0251	0.0134	0.0186	0.0191	0.0139	0.0183
	环境友好	0.0663	0.0441	0.0406	0.0237	0.0267	0.0178	0.0432	0.0375
	创新引领	0.1215	0.0869	0.1221	0.0835	0.1186	0.1391	0.0903	0.1089

城市	维度	2010 年	2011 年	2012 年	2013 年	2014 年	2015 年	2016 年	均值
七台河	资源节约	0.0069	0.0032	0.0042	0.0054	0.0071	0.0039	0.0138	0.0064
	经济持续	0.0339	0.0379	0.0381	0.0304	0.0290	0.0296	0.0247	0.0319
	社会和谐	0.0285	0.0332	0.0393	0.0216	0.0277	0.0291	0.0269	0.0295
	环境友好	0.0651	0.0778	0.0794	0.0727	0.0649	0.0826	0.0921	0.0764
	创新引领	0.1311	0.1204	0.1390	0.0914	0.1177	0.1332	0.0730	0.1151
鹤岗	资源节约	0.0031	0.0020	0.0024	0.0000	0.0000	0.0013	0.0053	0.0020
	经济持续	0.0358	0.0420	0.0431	0.0440	0.0424	0.0421	0.0380	0.0411
	社会和谐	0.0130	0.0194	0.0269	0.0101	0.0082	0.0030	0.0000	0.0115
	环境友好	0.0540	0.0785	0.0678	0.0920	0.0713	0.0917	0.0994	0.0792
	创新引领	0.1134	0.1084	0.1314	0.1047	0.1239	0.1382	0.0908	0.1158
双鸭山	资源节约	0.0053	0.0030	0.0050	0.0056	0.0038	0.0029	0.0077	0.0047
	经济持续	0.0351	0.0354	0.0347	0.0364	0.0369	0.0362	0.0301	0.0350
	社会和谐	0.0156	0.0150	0.0234	0.0161	0.0181	0.0075	0.0091	0.0150
	环境友好	0.0451	0.0845	0.0613	0.0707	0.0819	0.0777	0.0863	0.0725
	创新引领	0.1210	0.1139	0.1303	0.1182	0.1267	0.1413	0.0375	0.1127
焦作	资源节约	0.0507	0.0497	0.0373	0.0488	0.0404	0.0396	0.0388	0.0436
	经济持续	0.0067	0.0102	0.0098	0.0102	0.0087	0.0064	0.0000	0.0074
	社会和谐	0.0142	0.0148	0.0184	0.0145	0.0222	0.0180	0.0129	0.0164
	环境友好	0.0724	0.0664	0.0518	0.0657	0.0578	0.0491	0.0491	0.0589
	创新引领	0.0562	0.0501	0.0821	0.0387	0.0725	0.0733	0.0392	0.0589
濮阳	资源节约	0.0413	0.0590	0.0602	0.0348	0.0379	0.0596	0.0608	0.0505
	经济持续	0.0270	0.0245	0.0253	0.0245	0.0202	0.0188	0.0145	0.0221
	社会和谐	0.0296	0.0379	0.0401	0.0324	0.0400	0.0334	0.0333	0.0352
	环境友好	0.0739	0.0661	0.0505	0.0566	0.0446	0.0434	0.0462	0.0545
	创新引领	0.0966	0.0918	0.1159	0.0558	0.1050	0.1116	0.0734	0.0929
淮北	资源节约	0.0189	0.0203	0.0126	0.0176	0.0193	0.0198	0.0205	0.0184
	经济持续	0.0318	0.0301	0.0304	0.0304	0.0286	0.0265	0.0255	0.0290
	社会和谐	0.0405	0.0433	0.0409	0.0462	0.0357	0.0379	0.0350	0.0399
	环境友好	0.0733	0.0728	0.0615	0.0616	0.0492	0.0574	0.0383	0.0591
	创新引领	0.0738	0.0613	0.0832	0.0509	0.0840	0.0889	0.0487	0.0701

城市	维度	2010 年	2011 年	2012 年	2013 年	2014 年	2015 年	2016 年	均值
铜陵	资源节约	0.0318	0.0387	0.0277	0.0396	0.0409	0.0407	0.0138	0.0333
	经济持续	0.0215	0.0213	0.0209	0.0190	0.0197	0.0109	0.0170	0.0186
	社会和谐	0.0162	0.0234	0.0149	0.0212	0.0023	0.0087	0.0241	0.0158
	环境友好	0.0513	0.0672	0.0522	0.0542	0.0359	0.0456	0.0399	0.0495
	创新引领	0.0000	0.0000	0.0000	0.0000	0.0000	0.0000	0.0000	0.0000
黄石	资源节约	0.0690	0.0663	0.0538	0.0647	0.0657	0.0661	0.0682	0.0648
	经济持续	0.0183	0.0170	0.0169	0.0137	0.0138	0.0110	0.0137	0.0149
	社会和谐	0.0305	0.0330	0.0345	0.0276	0.0285	0.0281	0.0298	0.0303
	环境友好	0.0492	0.0753	0.0534	0.0657	0.0543	0.0510	0.0554	0.0578
	创新引领	0.0655	0.0601	0.0776	0.0460	0.0647	0.0669	0.0423	0.0604
萍乡	资源节约	0.0082	0.0072	0.0058	0.0086	0.0069	0.0109	0.0099	0.0082
	经济持续	0.0137	0.0197	0.0133	0.0149	0.0193	0.0183	0.0122	0.0159
	社会和谐	0.0262	0.0253	0.0245	0.0225	0.0265	0.0269	0.0267	0.0255
	环境友好	0.0106	0.0706	0.0550	0.0658	0.0511	0.0585	0.0308	0.0489
	创新引领	0.1000	0.1028	0.1279	0.0575	0.1146	0.1185	0.0661	0.0982
景德镇	资源节约	0.0251	0.0221	0.0149	0.0228	0.0246	0.0266	0.0280	0.0235
	经济持续	0.0217	0.0261	0.0253	0.0245	0.0260	0.0261	0.0200	0.0242
	社会和谐	0.0281	0.0272	0.0274	0.0263	0.0272	0.0307	0.0316	0.0284
	环境友好	0.0606	0.0805	0.0705	0.0667	0.0644	0.0570	0.0607	0.0658
	创新引领	0.0588	0.0612	0.0935	0.0513	0.0708	0.0786	0.0409	0.0650
新余	资源节约	0.0143	0.0076	0.0053	0.0068	0.0069	0.0088	0.0093	0.0084
	经济持续	0.0079	0.0121	0.0108	0.0122	0.0157	0.0151	0.0096	0.0119
	社会和谐	0.0226	0.0292	0.0325	0.0279	0.0207	0.0148	0.0109	0.0226
	环境友好	0.0486	0.0721	0.0251	0.0453	0.0708	0.0708	0.0650	0.0568
	创新引领	0.0442	0.0259	0.0705	0.0500	0.0779	0.0796	0.0245	0.0532
泸州	资源节约	0.0047	0.0033	0.0022	0.0051	0.0056	0.0063	0.0089	0.0052
	经济持续	0.0263	0.0264	0.0251	0.0238	0.0220	0.0205	0.0158	0.0228
	社会和谐	0.0475	0.0469	0.0478	0.0426	0.0456	0.0419	0.0396	0.0445
	环境友好	0.0795	0.0750	0.0581	0.0649	0.0589	0.0427	0.0563	0.0622
	创新引领	0.1117	0.1078	0.1256	0.0626	0.1115	0.1213	0.0710	0.1016

城市	维度	2010 年	2011 年	2012 年	2013 年	2014 年	2015 年	2016 年	均值
铜川	资源节约	0.0012	0.0010	0.0006	0.0008	0.0022	0.0047	0.0084	0.0027
	经济持续	0.0367	0.0398	0.0401	0.0415	0.0400	0.0337	0.0280	0.0371
	社会和谐	0.0340	0.0331	0.0366	0.0375	0.0409	0.0357	0.0409	0.0369
	环境友好	0.0027	0.0754	0.0756	0.0359	0.0554	0.0840	0.0029	0.0474
	创新引领	0.1255	0.1214	0.1395	0.1148	0.1257	0.1369	0.0818	0.1208
白银	资源节约	0.0232	0.0175	0.0151	0.0142	0.0104	0.0096	0.0044	0.0135
	经济持续	0.0329	0.0345	0.0332	0.0328	0.0307	0.0279	0.0220	0.0306
	社会和谐	0.0486	0.0513	0.0571	0.0513	0.0565	0.0565	0.0543	0.0537
	环境友好	0.0768	0.0892	0.0519	0.0000	0.0607	0.0787	0.0467	0.0577
	创新引领	0.1232	0.0999	0.1182	0.0956	0.0996	0.1144	0.0769	0.1040
乌海	资源节约	0.0270	0.0229	0.0248	0.0214	0.0271	0.0242	0.0311	0.0255
	经济持续	0.0206	0.0218	0.0200	0.0166	0.0197	0.0162	0.0165	0.0188
	社会和谐	0.0000	0.0000	0.0000	0.0000	0.0144	0.0148	0.0155	0.0064
	环境友好	0.0555	0.1047	0.0829	0.0970	0.0947	0.0870	0.0796	0.0859
	创新引领	0.0943	0.0898	0.1089	0.0465	0.0933	0.1044	0.0685	0.0865
石嘴山	资源节约	0.0197	0.0299	0.0273	0.0260	0.0268	0.0302	0.0355	0.0279
	经济持续	0.0264	0.0275	0.0283	0.0284	0.0321	0.0354	0.0319	0.0300
	社会和谐	0.0204	0.0226	0.0278	0.0225	0.0197	0.0201	0.0272	0.0229
	环境友好	0.0943	0.1189	0.1061	0.1102	0.0952	0.1231	0.1226	0.1100
	创新引领	0.1018	0.0952	0.1141	0.0683	0.1023	0.1096	0.0660	0.0939

7.4.4.2　焦作等 24 个资源枯竭型城市生态转型效果结果分析

　　根据各个资源枯竭型城市生态转型分维度及综合贴近度的均值，将表中的数据绘制成图，可观察 2010～2016 年焦作等 24 个资源枯竭型城市生态转型效果以及各个城市分维度转型效果，如图 7.1、图 7.2 所示。

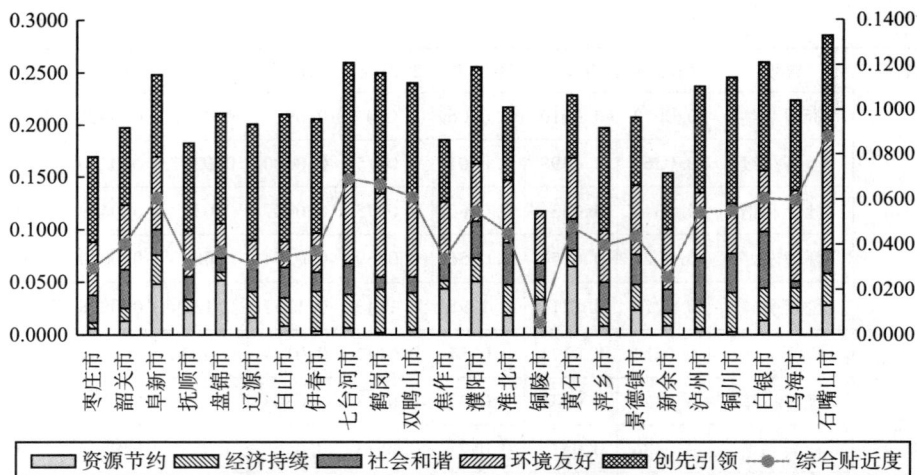

图 7.1　2010～2016 年焦作等 24 个资源枯竭型城市生态转型效果图

图例：资源节约　经济持续　社会和谐　环境友好　创先引领　综合贴近度

横轴城市：枣庄市　韶关市　阜新市　抚顺市　盘锦市　辽源市　白山市　伊春市　七台河市　鹤岗市　双鸭山市　焦作市　濮阳市　淮北市　铜陵市　黄石市　萍乡市　景德镇市　新余市　泸州市　铜川市　白银市　乌海市　石嘴山市

图 7.1 为 2010～2016 年焦作等 24 个资源枯竭型城市生态转型综合贴近度与各城市生态转型综合贴近度平均值。根据 TOPSIS 模型评价的基本原理：贴近度值越小，其评价对象的综合水平就高。反之，贴近度值越大，综合水平就越低。由图中 24 个资源枯竭型城市综合贴近度的均值排序结果来看，24 个资源枯竭型城市生态转型效果由高到低排序为：铜陵市、新余市、枣庄市、辽源市、抚顺市、焦作市、白山市、盘锦市、伊春市、萍乡市、韶关市、景德镇市、淮北市、黄石市、泸州市、濮阳市、铜川市、乌海市、白银市、阜新市、双鸭山市、鹤岗市、七台河市、石嘴山市。

各城市因地制宜转型发展取得了很好的效果。枣庄市、韶关市东部地区以及铜陵市、焦作市、萍乡市等中部地区生态转型排名靠前，七台河市、鹤岗市等东北地区及石嘴山市等西部地区排名靠后，尤其黑龙江地区资源枯竭整体转型效果较差。在转型效果较差的东北地区尤其是黑龙江以及西部地区，一方面，受经济发展历史遗留问题影响加大了转型的难度；另一方面，受地理条件和当地经济发展水平的限制，当地城市生态转型复杂程度高，难度加大，不能一蹴而就。可以看出，生态转型效果好的首先倾向于人口聚集度高、经济发展水平高的地区。

首先，在排名靠前的东部地区和中部地区城市中，如排名第一的铜陵市，在分维度转型成效中，在 24 个资源枯竭型城市中处于中上地位，尤其是创新方面处于领先地位、科技创新较受重视。铜陵市可以说是全国资源型城市转型的典型，通过"延伸＋替代"转型模式推动转型升级，重点打造皖中南中心城市，转型成效突出。排名第二的新余市除在环境方面处于中等以下地位，有待进一步改善，在资源节约、经济持续、社会和谐、创新引领大致处于较高水平下的比例协调状态。综合新余市近年的转型来看，新余市工业经济由过去的"一钢独大"转变为以钢铁、新能源、新材料三大产业为支柱的新型工业体系，全市战略性新兴产业占规模以上工业的比重达65%，工业化率达56.3%，经济发展持续较强。排序第三的枣庄市在资源节约、经济持续、社会和谐、创新引领分维度转型成效中大致处于稍高水平下的比例协调状态，在资源枯竭型城市转型的过程中以煤化工、重建台儿庄古城和棚改为突破口，重点推进煤炭工业升级、文化旅游发展和城市建设，取得了一定成效。

其次，在整体上转型效果较差的东北地区，白山市和伊春市转型效果较好，2011～2016年，白山市生态转型效果排名均在前10名，2011年生态转型效果排名第一。可见白山因势利导，通过大力发展旅游产业，并将旅游作为支柱产业，取得了很好的生态转型成效。2011～2015年，伊春市生态转型效果排名也是前10名，相对应的是伊春市从独木支撑到多业成林接续替代产业并进，规划了包含清洁能源产业、森林食品产业、森林生态旅游业等五个接续替代产业，实现了"资源发展"向"生态发展"的成功转型。另外，在西部地区的铜川市、泸州市生态转型效果好，铜川市从2011年排名第20名到2016年的排名第4名，进步较大，白银市也从排名靠后逐渐排名靠前。近几年，铜川市通过"做大做优"传统支柱产业和"做大做强"接续产业"双轮驱动"，逐步向多元支撑的新型工业体系转变，促进城市的成功转型。白银市依靠科学技术改造提升传统产业，并培育多元支柱产业，创造"白银模式"的成功典范，实现了城市的转型。有替代资源的城市通过转变发展接替产业为主导产业，实现城市的生态转型。原始资源枯竭，又没有形成接替产业的城市通过技术创新发展新兴产业也可以逐渐实现生态转型。可以看出，资源枯竭型城市的转型生态效果与城市的替代资源禀赋以及城市创新能力尤其相关。

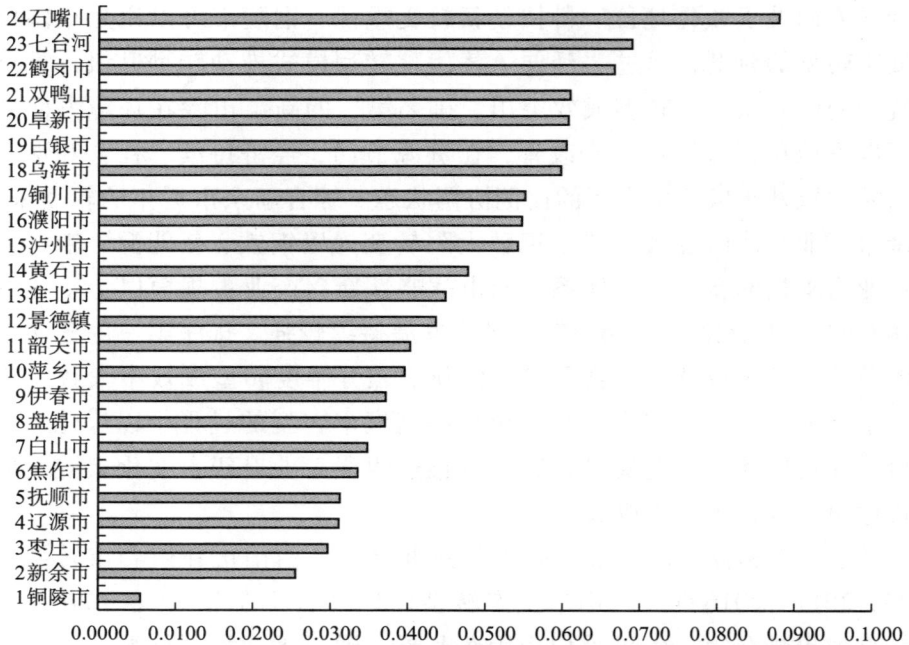

图7.2　2010～2016年焦作等24个资源枯竭型城市生态转型效果综合排名

为了进一步分析各城市2010～2016年整体的变化情况，通过计算各城市2010～2016年贴近度值均值和变异系数进行分析，如表7.24所示。

表7.24　　　　　2010～2016年焦作等24个资源枯竭型城市
生态转型贴近度值的均值和变异系数

城市	均值	排名	变异系数	排名	城市	均值	排名	变异系数	排名
枣庄市	0.0296	22	0.2473	12	濮阳市	0.0547	9	0.1794	21
韶关市	0.0402	14	0.2115	15	淮北市	0.0448	12	0.1887	19
阜新市	0.0607	5	0.2591	11	铜陵市	0.0055	24	1.0900	1
抚顺市	0.0312	20	0.4313	5	黄石市	0.0477	11	0.1168	24
盘锦市	0.0370	17	0.1878	20	萍乡市	0.0395	15	0.4510	3
辽源市	0.0311	21	0.3793	7	景德镇	0.0436	13	0.2028	16
白山市	0.0348	18	0.3837	6	新余市	0.0255	23	0.6525	2
伊春市	0.0371	16	0.3693	8	泸州市	0.0542	10	0.2008	17

城市	均值	排名	变异系数	排名	城市	均值	排名	变异系数	排名
七台河	0.0689	2	0.1396	22	铜川市	0.0551	8	0.4347	4
鹤岗市	0.0666	3	0.1910	18	白银市	0.0604	6	0.3154	9
双鸭山	0.0609	4	0.2255	14	乌海市	0.0597	7	0.2389	13
焦作市	0.0335	19	0.2736	10	石嘴山	0.0880	1	0.1242	23

由表 7.24 可知，2010～2016 年各城市贴进度值（C_j）的平均值和变异系数的排名呈现四种情况：第一类是平均值高、变异系数大的城市，均值和变异系数分别选择排名前 10 的城市，如铜川市、白银市，表明该类城市生态转型效果不好且波动大、不稳定。第二类是平均值高、变异系数小的城市，选择均值排名前 10 名和变异系数排名后 10 名的城市，如七台河市、鹤岗市、双鸭山市、濮阳市、石嘴山市等，表明该类城市生态转型效果不好且转型效果没有明显变化。第三类是平均值低、变异系数大的城市，选择均值排名后 10 名和变异系数排名前 10 名的城市，如抚顺市、铜陵市、新余市、辽源市、白山市、伊春市、焦作市、萍乡市，表明该类城市生态转型效果好且转型效果显著。第四类是平均值低、变异系数小的城市，选择均值排名后 10 名和变异系数排名后 10 名的城市，如韶关、盘锦，表明该类城市生态转型效果好且保持较稳定的水平。

7.4.4.3　焦作等 24 个资源枯竭型城市生态转型效果时空演变分析

（1）整体生态转型综合成效时间演化分析。为了进一步分析 2010～2016 年焦作等 24 个资源枯竭型城市整体的生态转型时间演化趋势，本书应用 EViews9 对焦作等 24 个资源枯竭型城市生态转型综合贴近度进行 Kernel 核密度估计，得出 Kernel 密度二维图，如图 7.3 所示。通过不同时期的比较分析焦作等 24 个资源枯竭型城市生态转型成效动态变化特征。

从位置上来看，2012～2016 年的密度函数中心均呈现向左移动的趋势。由于贴近度越小，转型效果越好，这说明焦作等 24 个资源枯竭型城市生态转型效果正在逐渐好转。相比 2012～2014 年的密度函数中心移动不大，2014～2015 年出现大幅度向左偏移，反映了整体上资源枯竭型城市生态转型效果有了较大的改观。

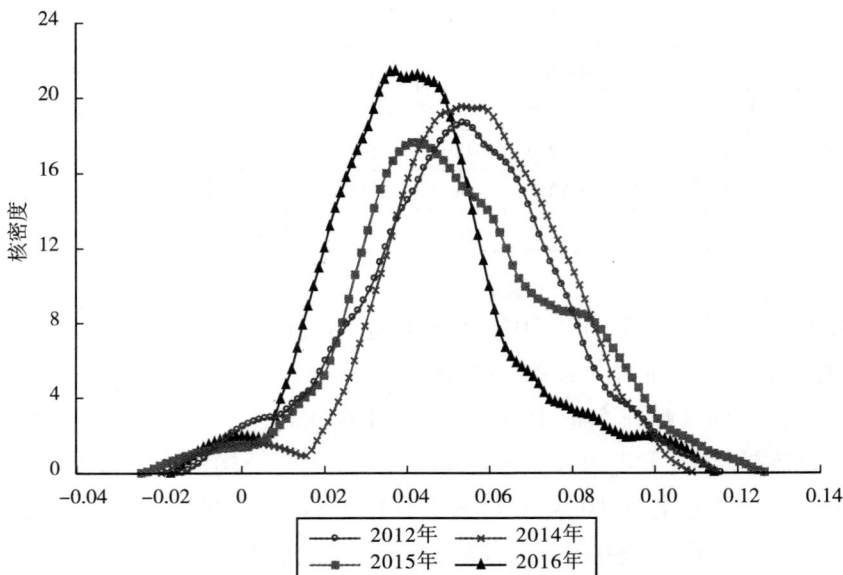

图 7.3　焦作等 24 个资源枯竭型城市生态转型成效的核密度分布

　　从形状上来看，图像左侧有稍微向左移动的趋势但是起始值变化不大，相比图像右侧，却出现较为明显的向右移动的趋势，2014～2015 年变化尤其明显。而且从整体形状来看，从 2014～2016 年密度函数整体跨度呈现稍微增大又逐渐缩小的趋势，说明在生态转型的过程中，由于不同城市间的生态转型速度不同且存在差距，各资源枯竭型城市逐渐在与生态转型效果好的城市缩小差距，转型发展速度较快的城市与生态转型困难的城市差距逐渐拉大又逐渐缩小的趋势。

　　从峰值上来看，焦作等 24 个资源枯竭型城市在观察期内贴进度的峰值呈现上升、下降再上升的趋势。具体来看，2012～2014 年峰值逐年上升且呈现较为对称的尖峰分布，说明焦作等 24 个资源枯竭型城市生态转型成效好的城市逐年在增加，集中度也比较高。截至 2015 年，密度中心向左移动，峰值有所偏低且宽峰分布，说明截至 2015 年，24 个资源枯竭型城市生态转型成效整体上比较好，转型效果好的城市和不佳的城市出现稍微差距较为分散。2016 年，峰值继续上升呈现尖峰分布，说明城市生态转型整体生态转型效果好且集中度逐渐提高。

　　（2）分维度生态转型成效空间演变分析。焦作等 24 个资源枯竭型城市生态转型效果评价分为 5 个维度, 包括资源节约, 根据模型计算结果, 运用蛛网图对分维度转型成效空间进行演变分析。

第一, 资源节约维度。2016 年, 根据资源节约的贴近度值, 24 个资源枯竭型城市资源节约维度转型效果的排名依次是: 白山市、白银市、鹤岗市、伊春市、双鸭山市、铜川市、泸州市、新余市、萍乡市、枣庄市、七台河市、铜陵市、辽源市、韶关市、淮北市、抚顺市、景德镇市、阜新市、乌海市、石嘴山市、焦作市、濮阳市、盘锦市、黄石市。结合图 7.4 可以看出, 在资源节约方面, 整体转型效果逐年好转。其中黄石市、濮阳市和盘锦市, 资源节约贴进度值较高, 且 2010~2016 年均改变不大, 贴近度值分别为 0.0682、0.0608、0.0612, 在资源节约成效方面与其他城市相比明显较差。另外, 阜新市在 2010~2012 年资源节约方面效果进步明显, 如图 7.4 所示。

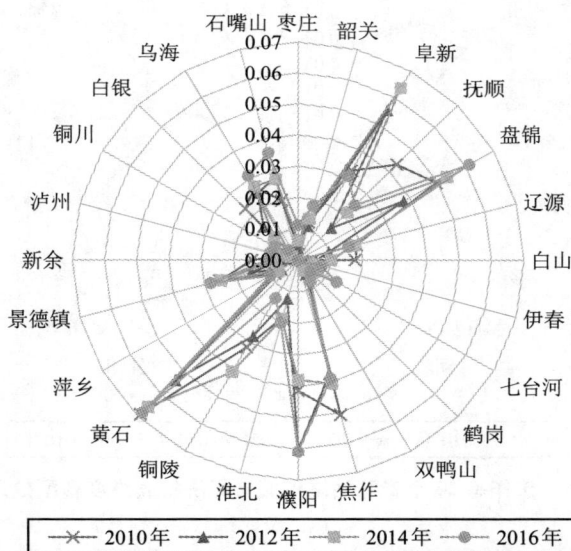

图 7.4　焦作等 24 个资源枯竭型城市资源节约维度转型效果图

第二, 经济持续维度。2016 年, 根据经济持续的贴近度值, 24 个资源枯竭型城市经济持续维度转型效果的排名依次是: 焦作市、新余市、韶关市、萍乡市、黄石市、濮阳市、盘锦市、泸州市、乌海市、铜陵市、景德镇市、白银市、抚顺市、阜新市、七台河市、枣庄市、淮北市、辽源市、白山市、铜川市、双鸭山市、石嘴山市、伊春市、鹤岗市。具体来说，经济持续维度转型效果最明显的是中部地区的铜川市以及东部地区的韶关市。最差的是东北黑龙江省的双鸭山市、伊春市、鹤岗市以及西部宁夏地区的石嘴山市。另外，2010～2016 年枣庄市经济转型排名出现倒退的现象，铜川市经济转型效果最为显著。整体上，经济持续维度的贴近度在空间格局上发生了显著的变化，且东部地区与西部地区差异性明显。在全国供给侧结构性改革以及资源枯竭型城市推进转型背景下，24 个资源枯竭型城市经济发展呈现逐步变好趋势，如图 7.5 所示。

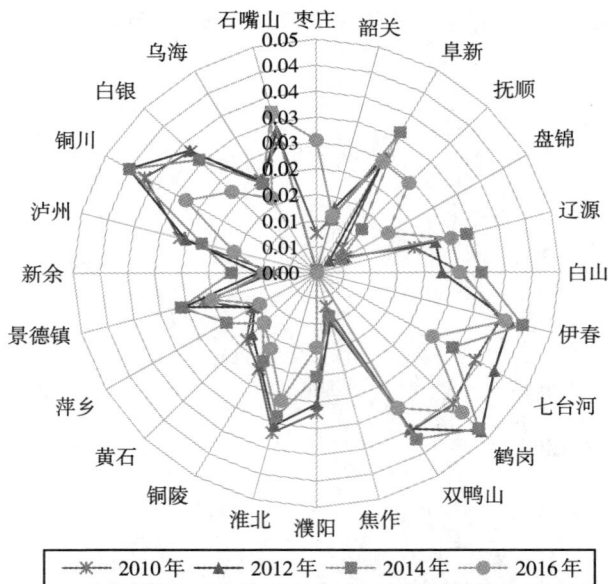

图 7.5　焦作等 24 个资源枯竭型城市经济持续维度转型效果图

　　第三，社会和谐维度。2016 年，根据社会和谐维度的贴近度值，24 个资源枯竭型城市经济持续维度转型效果的排名依次是：鹤岗市、双鸭山市、新余市、焦作市、伊春市、乌海市、盘锦市、辽源市、白山市、萍乡市、黄石市、濮阳市、泸州市、铜陵市、景德镇市、白银市、抚顺市、阜新市、七台河市、枣庄市、淮北市、铜川市、石嘴山市、韶关市。结合图 7.6 可以看出，社会和谐贴近度整体上比较集中，有逐渐降低的趋势，且东部地区和东北地区成效较好，其次为中部地区，最差为西部地区的资源型城市，在社会和谐维度上资源枯竭型城市转型呈现明显的地域差异性。具体相比较其他城市而言，白银市、铜川市以及泸州市三个城市社会和谐贴近度值较高，社会和谐成效不高。

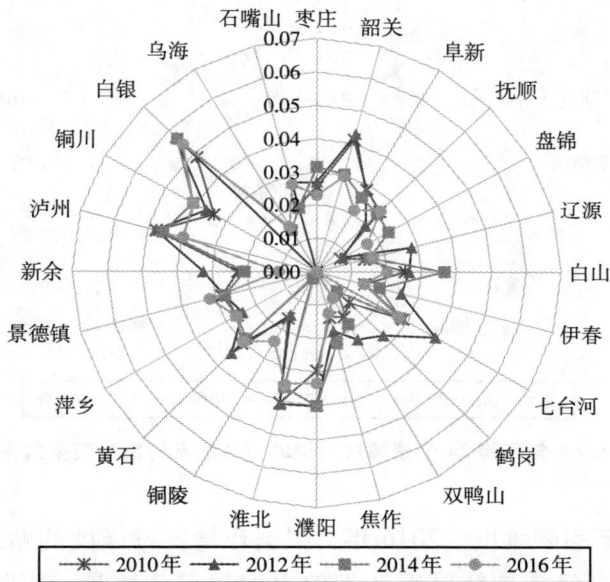

图 7.6 焦作等 24 个资源枯竭型城市社会和谐维度转型效果图

第四，环境友好维度。2016 年，根据环境友好维度的贴近度值，24 个资源枯竭型城市经济持续维度转型效果的排名依次是：铜川市、萍乡市、盘锦市、辽源市、白山市、淮北市、铜陵市、韶关市、伊春市、枣庄市、濮阳市、白银市、焦作市、黄石市、泸州市、景德镇市、新余市、抚顺市、阜新市、乌海市、双鸭山市、七台河市、鹤岗市、石嘴山市。结合图 7.7 可以看出，大部分资源枯竭型城市环境友好贴近度逐年下降，环境改善越来越明显。具体来说，东部地区的枣庄市、韶关市环境呈现有好转坏再转好的趋势，东北地区的七台河市、鹤岗市资源枯竭型城市环境问题逐渐严重。而中部地区大部分资源枯竭型城市以及部分西部地区环境改善明显，如淮北市、焦作市、濮阳市、铜川市、白银市、泸州市等。但西部地区的石嘴山市面临的环境问题较为严重，改善空间较大。

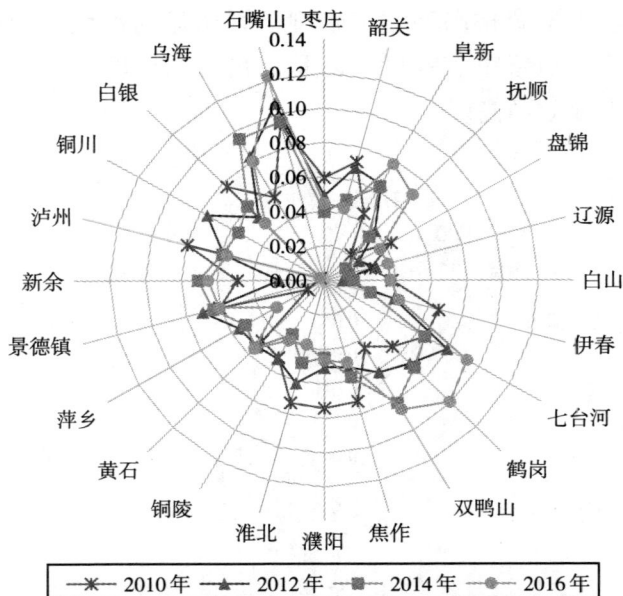

图 7.7　焦作等 24 个资源枯竭型城市环境友好维度转型效果图

第五，创新引领维度。2016 年，根据环境友好维度的贴近度值，24 个资源枯竭型城市经济持续维度转型效果的排名依次是：铜陵市、新余市、双鸭山市、焦作市、景德镇市、黄石市、淮北市、抚顺市、阜新市、韶关市、枣庄市、石嘴山市、萍乡市、泸州市、乌海市、七台河市、濮阳市、白银市、铜川市、盘锦市、辽源市、白山市、伊春市、鹤岗市。结合图 7.8 可以看出，创新发展的贴近度值变化较为显著，说明创新发展成效呈现明显的逐年较好的态势。尤其是 2010~2016 年创新成效变化显著。相比较而言，盘锦市、辽源市、白山市、伊春市、鹤岗市排名较低。但是各个资源枯竭型城市对创新的意识逐渐增强，尤其我国经济发展已由高速增长阶段转向高质高量发展阶段，创新成为发展最主要的驱动力，为资源枯竭型城市的转型提供了发展机遇。

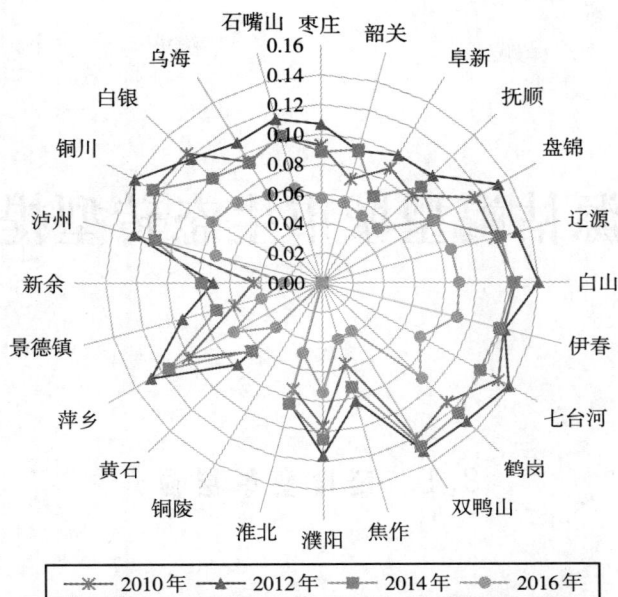

图 7.8　焦作等 24 个资源枯竭型城市创新引领维度转型效果图

总体而言，24 个资源枯竭型城市遍布我国东部地区、东北地区、中部地区、西部地区，各个城市发展的基础、模式、动力等存在一定差异，通过从"资源节约、经济持续、社会和谐、环境友好、创新引领"五个维度评价各个城市生态转型的效果，结果也反映出一定程度的差异和规律。

第 8 章

资源枯竭型城市生态转型提升策略

8.1 制度变革层面

8.1.1 深化国有企业改革

深化国有企业改革，在确保国有经济主导地位的前提下，资源枯竭型城市重点是进行改革国有企业，优化国有资本布局结构，解决企业职工社保等历史遗留问题。一是要推进国有企业改革重组，处置"僵尸企业"，化解过剩产能，促进国民经济提质增效、升级发展；二是要优化国有资本布局结构，加快处置低效无效资产，加强中央企业与地方合作力度，积极促进国有资本、集体资本、非公有资本等交叉持股、相互融合、共同发展；三是要促进国有资本向关键领域倾斜，做大、做优、做强具有创新能力和核心竞争力的国有骨干企业，不断增强国有经济活力、控制力、影响力和抗风险能力，提高国有经济质量和国有企业竞争力；四要坚持以人为本，积极解决资源枯竭型城市职工社保等历史遗留问题。

8.1.2 严格环境监管制度

要严格环境监管制度。资源枯竭型城市的环境监管要建立"全社会、全领域、全过程、全手段"的制度保障体系。"全社会"是要政府、企业、个人等各个主体共同参与合作完成；"全领域"是环境保护要覆盖所有的区域的各个行业，需要整体统一的生态环境保护制度体制指导协调，避免污染转移；"全过程"是环境保护要"源头、过程、结果"全流程严控，从整体环节设计，将过程环节有效衔接，呈现整体治理效果；"全手段"是要运用法律、法规、政策、规划、标准等所有可用有效的"行政、经济、社会、文化"制度等手段推动环境保护。

同时，严格生态环境监管制度要进一步强化监督考核和激励约束，建立生态环境责任终身追究制度、环境损耗赔偿制度等，提升征收环保税的执法刚性，改善征收效率，增强能耗、环保等标准、制度的建设和执法力度。

8.1.3　完善生态补偿机制

新时期下，资源枯竭型城市面临自身发展资源不足的同时又要承担生态环境保护的公共责任的双重压力。因此，要全面完善资源枯竭型城市生态补偿政策，一是加大资源枯竭型城市生态补偿的公共财政投入，通过政策引导政策、资金、项目等向生态转型困难的资源枯竭型城市倾斜。资源枯竭型城市要加大各项资金使用费中生态补偿的资金比重，重点向资源枯竭型城市重要的生态功能区、饮用水源地和自然保护区倾斜，使资源枯竭型城市能够有效利用政府转移支付资金和专项补助资金。二是要引导各类主体履行生态补偿责任，积极探索由"政府主导、市场运作、社会参与"结合的多元化生态补偿机制。三是加强部门协调和区域协调，进一步完善政策、统筹安排、整合资源，实现生态补偿的制度化和规范化。

8.1.4　健全创新激励机制

资源枯竭型城市生态转型单靠政府主导、投入或者其他产业输血，难以为继，关键需要自主创新，要围绕管理创新、技术创新等建立"创新发展"的长效机制，保障生态转型发展的效益、后续发展的能力和活力。健全创新激励机制，一是要加大财政补贴、奖励力度，政府通过对研发机构健全、研发投入比例高、发明专利多、新产品开发多的企业通过以奖代补的方式奖励。二是要建立激励创新的工作机制，设置专职部门，负责创新工作的评价与考核。三是是要建立健全企业科技创新评价指标体系，对创新成果进行考核奖励。鼓励科研人员通过自主创业、联合创业、技术转移等方式将科技成果转化为实际生产力，推动技术创新的研发与成果的转化效率。四是健全创新激励方式，激发科技人员创新积极性。加强企业物质鼓励、精神激励和文化建设，使科技人员的创新成果价值与其所得相匹配。

8.2 结构优化层面

8.2.1 加快调整能源结构

加快调整资源枯竭型城市的能源结构，改变以煤炭、石油为主的能源结构。一方面，要在控制煤炭消费总量的基础上，提高电煤消费比重，淘汰污染重的煤电机组，增加清洁电力供应，推动天然气和电力供给保障制度，并做好节能减排改造，减少对环境的污染。另一方面，能源结构多样化是必然模式，资源枯竭型城市要因地制宜地发展核能、太阳能、风能、生物质能以及海洋能等可再生能源，从根源上摆脱产生污染的资源的依赖，促进资源枯竭型城市的生态转型。

8.2.2 建立多元产业结构

资源枯竭型城市不仅要调整三次产业的比例，重点要优化内部结构。目前，煤炭去产能已经由前期的消化过剩产能为主转变为去除落后产能为主，要加快淘汰清理"三高两低""小散乱"的企业，推动传统产业改造升级和战略性新兴产业的培育发展。同时积极发展现代服务业，加快促进资源枯竭型城市形成产能过剩背景下的竞争新优势。

具体来讲，资源枯竭型城市要以制造业和服务业为主导方向，形成以资源产业、制造业、服务业等共同发展的多元化产业体系。资源产业方面，通过循环经济产业链的建设，加快构建循环经济型产业体系；制造业方面，依据资源枯竭型城市自身资源特点发展壮大特色产业、加快培育高新技术产业；服务业方面，以现代化、生态化为突破口，依托废气矿区发展着力培育旅游、文化传媒业等成长型服务业，走可持续发展之路，重新开发利用废旧工厂构建新型创业园区等；农业方面，以当地优势农业资源为依托，培植壮大一批农业龙头企业，推进农业标准化生产，发展观光农业、设施农业、休闲农业等绿色生态型经济。

8.2.3　推进新型的城镇化

资源枯竭型城市要深入推进新型城镇化，立足城乡发展一体化进行科学规划和投入，加强区域间经济资源利用、城镇建设等重大规划的衔接协调。深入挖掘资源枯竭型城市当地特色的生态、人文及旅游等资源，全面统筹、合理布局，实现资源枯竭型城市城乡之间土地、资金、人员等要素的流动及合理化配置，在城乡之间创造新的增长点。通过优化公共资源，实现资源枯竭型城市治理模式突破，全面提升城市功能，使工业化与新型城镇化相互促进、互为发展。

8.2.4　优化要素投入结构

资源枯竭型城市优化人才、技术、知识、信息等高级要素投入比重，加快科技体制、教育人才体制等改革，推动以科技创新为核心的全面创新，加快专业化技术人才、信息、技术等高级要素的培育，形成新的动力增长极。并推动要素结构调整对产业结构调整的引领性，使要素结构转变与产业结构调整的有机结合，实现资源枯竭型城市以创新驱动生态转型。

8.3　产业升级层面

8.3.1　创建优势产业品牌

进入互联网时代，品牌驱动战略将成为资源枯竭型城市企业的核心竞争力。虽然资源型城市逐渐失去基础发展的资源优势，但是资源枯竭型城市生态转型发展不应对自己的传统优势简单否定，而是在原有资源优势、产业基础上创新发展。重点是要激活资源的价值，积极吸纳新技术、新理念，加强自主创新，提高产品附加值和核心竞争力。创新营销模式，建立国内外有较强竞争力和影响力的特色自主品牌，以品牌引领消费，带动资源枯竭型城市产业转型升级，更好地实现生态转型。

8.3.2 培育接续替代产业

发展战略性新兴产业已经成为世界各国增强国际竞争力、抢占未来经济发展制高点的重要战略选择。资源枯竭型城市原有资源的竞争优势逐渐丧失，一方面，需要大力扶持与培育产业关联度高、市场前景好、竞争力强及具有明显比较优势的产业作为资源枯竭型城市的主导产业，逐渐退出衰退产业，促进资源枯竭型城市尽快摆脱资源依赖，实现资源枯竭型城市的生态转型。另一方面，资源枯竭型城市必须结合城市发展的特点和条件，构建循环经济体系，实现资源最大化利用和污染物最小化排放，从传统高投入、高消耗、高排放、低产出的发展方式转变为资源节约、有效配置、低碳排放、高效产出的循环经济发展模式，真正解决资源枯竭型城市主导产业衰退后接续产业发展滞后所导致的产业接替的危机。

8.3.3 推动产业跨界融合

跨界融合已成为未来资源枯竭型城市生态转型发展的新趋势。产业生态新时期，产业边界逐渐模糊，由单一产业链的关联拓展到不同产业链之间的关联，不断催生出新型产业。资源枯竭型城市生态转型要通过平台化、网络化生产和去中心化发展，加快产业跨界融合。重点要融合创新智慧，充分利用大数据、云计算等信息技术为特征的"互联网＋"，发展分享经济，将创新人才、创新技术和创新产品有机融为一体，加快资源枯竭型城市实现科技创新成果转化，促进互联网和经济社会融合发展，提高资源枯竭型城市生态转型效率。

8.3.4 打造特色产业集群

资源枯竭型城市生态转型要按照集群集约、智能融合、绿色安全、协同创新等新型工业化要求，建立一套完善的公共服务平台和设施，打造产业层次高、集约集聚水平高、绿色发展水平高的新型工业化基地园区，吸引和带动资源枯竭型城市企业集聚发展。一方面，通过产业整合，实现资源枯竭型城市资源规模开发和集约利用；另一方面，加快产业链延伸，通过资源枯竭型城市原有产业和新兴产业对接，形成一个集"开发、加工、深加工、产品"新的配套产业链，促进产业集聚发展。同时又可以起到辐射作用，带动区域经济发展，促进资源枯竭型城市生态转型，使经济提速、提质、提效发展。

8.4 要素升级层面

8.4.1 加强科学技术创新

与模仿发展相比，资源枯竭型城市生态转型的创新发展具有很大挑战性的同时也具有优越性。推动资源枯竭型城市以科技创新为核心的全面生态转型，形成以企业为主体，以科研院所为依托，"政、产、学、研、金、用"有效融合的开放型创新体系，才能从根本上增强资源枯竭型城市生态转型的内生动力。一方面，政府通过对现有技术市场管理机构的指导和政策激励，加大研发投入，多渠道鼓励民营企业参与研发投入，加快培育专业化的技术成果转移转化机构，形成"科技化、市场化、规模化、品牌化"的成果转化平台和数据平台，促进全球创新资源开放共享和科技成果跨区域转移转化。另一方面，资源枯竭型城市要重点围绕新能源与节能环保、大数据与先进装备制造、现代服务业及现代农业等新兴产业进行技术创新，推动资源枯竭型城市在淘汰过剩、落后产能的基础上，通过技术创新提高竞争力，加快进行生态转型。

8.4.2 提升人力资本素质

人是创新主体的重要支撑，要多举措提升人力资本素质，释放转型发展活力，推动枯竭型城市的科技创新。人力资本素质的提高，包括人的知识水平、劳动技能和其他各种素质的提高。一是要创新资源枯竭型城市对人才的培养模式，鼓励企业、院校、社会组织开展培养培训工作，为科技创新提供人才保障和智力支持；二是资源枯竭型城市要积极引进科技人才，鼓励高校、科研院所等事业单位的科研人员进行科技成果转化活动，提升人力资本利用效率；三是加大资源枯竭型城市对医疗、卫生、社会保障等社会基础设施领域的投入，为人力资本质量提升奠定良好的基础。

8.4.3 升级城市基础设施

要不断升级和改造资源枯竭型城市软硬件基础设施建设。一方面，在硬件设施上，要加大对市政基础设施的资金投入和使用效率，对道路、交通、排水系统、供热、电力系统、垃圾处理等城市基础设施以及市体育馆、图书馆等公共服务设施进行升级改造，提高资源枯竭型城市的硬件水平，使城市功能更加完善。特别是加强网络基础设施建设，为数字经济发展和经济转型、打造数字化智慧城市奠定物质基础。另一方面，在城市文化软实力方面，要充分发掘资源枯竭型城市自身的文化积淀，增强资源枯竭型城市文化识别力。通过本身独特的文化辐射，增加城市的凝聚力、吸引力以及城市经济创造力，为资源枯竭型城市生态转型提供强大的精神动力。而且城市间竞争越来越依赖于文化的竞争，发展文化经济，更有助于资源枯竭型城市的生态转型。

8.4.4 创新性投融资体系

资源枯竭型城市地区内部资金短缺以及国家投入资金有限，融资十分艰难的背景下，资源枯竭城市生态转型要建立和完善多元投资体系，多渠道筹集资金，尤其在外部资金利用上。一方面，资源枯竭型城市要建立更加开放的投融资体制，营造良好的投资环境，鼓励通过债券、股权等多种方式支持资源枯竭型城市重大设施建设。另一方面，资源枯竭型城市要加快推进投融资平台发展，搭建信息共享、资金对接平台，让闲置资金、有限资金等合理布局和充分高效利用，为资源枯竭型城市加快生态转型提供充足和有效的资金支持。

参 考 文 献

［1］ A M W. Economic Factors in Canadian History ［J］. Canadian Historical Review, 1923, 1 (4): 12 – 25.

［2］ B J S. Mining and Tourist Towns in the Canadian Rockies ［J］. Economic Geography, 1933, 4 (9): 368 – 378.

［3］ H W M. A Staple Theory of Economic Growth ［J］. The Canadian Journal of Economics and Political Science, 1963, 2 (29) .

［4］ L R J. Geographical Reviews ［J］. American Geographical Review, 1964, 2 (54): 289 – 291.

［5］ B M. Continuity and Decline in the Anthracite Towns of Pennsylvania ［J］. Annals of the Association of American Geographers, 1987, 3 (77): 337 – 352.

［6］ R S. Informal Work and Its Development Role in the West ［J］. Progress in Human Geography, 1988 (12): 315 – 316.

［7］ I S R. Informal Work and Its Development Role in the West ［J］. Progress in Human Geography, 1988 (12): 315 – 316.

［8］ E B T J H. Stormy Weather: Cyclones, Harold Innis, and Port Alberni, BC ［J］. Environment and Planning A, 2016, 12 (3): 2127 – 2147.

［9］ M A. Staple Theory and Export-led Growth: Constructing Differential Growth ［J］. Australian Economic History Review, 2003, 3 (43): 230 – 255.

［10］ V S R C P. Resource Dependence and Community Well-being in Rural Canada ［J］. Rural Sociology, 2014, 2 (69): 213 – 234.

［11］ 李继平. 阜新煤炭产区经济转型战略研究 ［D］. 阜新: 辽宁工程技术大学, 2013.

［12］ 柳泽, 周文生, 姚涵. 国外资源型城市发展与转型研究综述 ［J］. 中国人口·资源与环境, 2013 (11): 161 – 168.

[13] 韩术合，张寿庭，裴秋明. 资源型城市转型及可持续发展研究综述 [J]. 国土资源科技管理，2016（1）：102 - 109.

[14] Railtown L R A M. Life in Canadian Communities of Single Industry [M]. Toronto: University of Toronto Press, 2016: 410 - 423.

[15] Bradbury J H S I. Winding Down in a Quebec Mining Town: A Case Study of Schefferville [J]. 2017, 27（2）：128 - 144.

[16] 陈学章. 国外资源型城市转型的经验与启示 [J]. 湖北师范学院学报（哲学社会科学版），2017（3）：47 - 49.

[17] 邓婕. 资源（枯竭）型城市焦作市生态转型研究 [D]. 武汉：华中师范大学，2012.

[18] M. G. Bagur S M M L. Evaluation of the Environmental Contamination at an Abandoned Mining Site Using Multivariate Statistical Techniques—The Rodalquilar（Southern Spain）Mining District [J]. Talanta, 2019, 1（80）：377 - 384.

[19] Färnstrand Damsgaard E. Exhaustible Resources, Technology Choice and Industrialization of Developing Countries [J]. Resource and Energy Economics, 2012, 34（3）：271 - 294.

[20] Pickett S T A, Boone C G, Mcgrath B P, et al. Ecological Science and Transformation to the Sustainable City [J]. Cities, 2018, 32：S10 - S20.

[21] Hu M, Wadin J L, Lo H, et al. Transformation toward an Eco-city: Lessons from Three Asian Cities [J]. Journal of Cleaner Production, 2016, 123：77 - 87.

[22] Kerstin Krellenberg F K S K. Urban Sustainability Transformations in Lights of Resource Efficiency and Resilient City Concepts [J]. 2016（22）：51 - 56.

[23] Arora R, Paterok K, Banerjee A, et al. Potential and Relevance of Urban Mining in the Context of Sustainable Cities [J]. 2017, 3（29）：210 - 224.

[24] Maysoun Ibrahim A E C A. Smart Sustainable Cities Roadmap: Readiness for Transformation towards Urban Sustainability [J]. Sustainable Cities and Society, 2017.

[25] 赵景海. 我国资源型城市发展研究进展综述 [J]. 城市发展研究, 2016 (3): 86-91.

[26] 卢凤岐. 资源枯竭型城市经济转型方向探讨——兼谈盘锦经济转型问题 [Z]. 2002 (3).

[27] 孙雅静. 我国资源型城市转型路径分析 [J]. 资源·产业, 2013 (6): 126-129.

[28] 闫丽珍, 闵庆文, 成升魁. 资源型城市产业转型模式研究进展 [J]. 矿业研究与开发, 2016 (3): 1-3.

[29] 姜春海. 资源枯竭型城市产业转型的财政政策扶持机制研究 [J]. 财经问题研究, 2016 (8): 36-41.

[30] 孟韬. 资源枯竭型城市产业转型的定位与实践——阜新、辽源两个国家试点城市的经验比较 [J]. 社会科学战线, 2017 (5): 60-67.

[31] 官锡强. 国外资源型城市经济转型思路及对我国的启示 [J]. 改革与战略, 2015 (12): 12-16.

[32] 闫凯. 资源枯竭型城市经济转型过程中政府作用的分析 [D]. 大连: 东北财经大学, 2016.

[33] 万会. 我国资源枯竭型矿业城市可持续发展评价及经济转型研究 [D]. 北京: 中国地质大学 (北京), 2016.

[34] 李彭蓉. 利用外资促进资源枯竭型城市产业转型研究 [D]. 沈阳: 沈阳工业大学, 2008.

[35] 陈慧女. 中国资源枯竭型城市产业转型研究 [D]. 武汉: 武汉大学, 2010.

[36] 徐会. 煤炭型城市产业转型中接替主导产业的选择研究 [D]. 哈尔滨: 哈尔滨工业大学, 2011.

[37] 李明. 资源枯竭型城市可持续发展研究 [D]. 西宁: 青海师范大学, 2013.

[38] 余建辉, 张文忠, 王岱. 中国资源枯竭城市的转型效果评价 [J]. 自然资源学报, 2011 (1): 11-21.

[39] 黄海龙. 煤炭资源枯竭型城市经济转型评价研究 [D]. 南昌: 南昌大学, 2010.

[40] 淡永雕. 资源枯竭型城市经济转型与发展对策研究 [D]. 重庆: 西南

大学，2013.

[41] 孙中欣. 焦作市经济转型效果分析及政策建议 [D]. 北京：中国地质大学，2014.

[42] 乔有成. 基于灰色理论的资源枯竭型城市经济转型研究 [J]. 黑龙江科技信息，2007 (2)：92.

[43] 李东阳. 资源枯竭型城市经济转型研究 [D]. 长春：吉林大学，2019.

[44] 孙龙涛. 资源枯竭型城市循环经济发展评价及实证研究 [D]. 北京：北京化工大学，2012.

[45] 郑伟. 资源枯竭型城市经济转型效果评价 [J]. 统计与决策，2013 (24)：50 - 52.

[46] 刘晓丹. 我国资源枯竭型城市转型评价研究 [D]. 青岛：中国海洋大学，2015.

[47] 张泽群. 基于 DEA 的资源枯竭城市转型效率分析 [J]. 阜阳师范学院学报（社会科学版），2016 (2)：109 - 114.

[48] 白中科. 资源枯竭型城市产业转型研究面临的问题 [J]. 山西农业大学学报（社会科学版），2004 (4)：335 - 336.

[49] 杨霞. 山西资源枯竭型城市生态转型路径研究 [D]. 晋中：山西农业大学，2013.

[50] 石洋. 石油资源型城市生态安全评价研究 [D]. 乌鲁木齐：新疆大学，2014.

[51] 罗琳琳. 资源型城市生态效率及其影响因素的实证分析 [D]. 南京：南京财经大学，2014.

[52] 周羽. 湖南省矿业城市转型问题研究 [D]. 北京：中国地质大学，2015.

[53] 买洪涛. 资源型城市生态转型中政府作用的发挥——以唐山市为例 [J]. 人民论坛，2015 (11)：223 - 225.

[54] 刘巍，汤杰. 资源型城市生态转型的动因及合理化路径构建 [J]. 哈尔滨师范大学社会科学学报，2015 (1)：67 - 69.

[55] 易艳春，江喜林，张刘华. 基于生态足迹理论的资源枯竭型城市可持续发展研究——以湖北黄石为例 [J]. 湖北师范学院学报（哲学社会

科学版），2016（4）：83 - 87.

[56] 邓丽娟，王如琦. 基于生态足迹的资源枯竭型城市可持续发展研究——以宁夏石嘴山市为例 [J]. 绿色科技，2017（4）：156 - 160.

[57] 张慧. 中部地区资源型城市城市化与生态环境耦合协调关系研究 [D]. 太原：山西大学，2016.

[58] 刘丹. 基于创新协同的资源型城市竞争力提升模式研究 [D]. 哈尔滨：哈尔滨理工大学，2016.

[59] 陈燕，高红贵. 资源枯竭型城市转型发展中的生态困境及路径选择 [J]. 经济问题，2015（3）：125 - 129.

[60] 解案妍. 资源枯竭型城市可持续发展政策效果评估研究 [D]. 北京：中国地质大学，2015.

[61] 谭振义. 新时期工矿城市生态文明建设再思考——以湖北黄石为例 [J]. 湖北理工学院学报（人文社会科学版），2016（4）：7 - 12.

[62] 贺峰. 基于包头市石拐区的资源枯竭型城市转型发展研究 [D]. 呼和浩特：内蒙古大学，2016.

[63] 岳利萍. 中西部与东部地区资源型城市可持续发展的长效机制 [J]. 改革，2017（8）：110 - 114.

[64] 夏敏，张开亮，文博，等. 煤炭资源枯竭型城市工矿用地时空变化模拟与生态风险评价——以江西省萍乡市安源区为例 [J]. 地理研究，2017（9）：1773 - 1786.

[65] 毕宏伟. 供给侧结构性改革背景下金融支持资源型城市转型的路径探析——以嘉峪关市为例 [J]. 甘肃金融，2016（5）：48 - 50.

[66] 叶振宇. 中西部和东部地区老工业基地振兴发展的五种模式与解构 [J]. 改革，2017（8）：94 - 99.

[67] 郑有贵. 供给侧结构性改革视域下破解资源型城市转型发展之路 [J]. 开发研究，2016（4）：1 - 5.

[68] 夏敏，张开亮，文博，等. 煤炭资源枯竭型城市工矿用地时空变化模拟与生态风险评价——以江西省萍乡市安源区为例 [J]. 地理研究，2017（9）：1773 - 1786.

[69] 巫婷，肖祖豪. 资源枯竭型城市向红色旅游经济发展转型研究——以赣西地区萍乡市为例 [J]. 价值工程，2017（26）：30 - 32.

[70] 田世广. 探索资源枯竭型城市产业转型 实现绿色发展 [J]. 理论与当代, 2017 (1): 25-26.

[71] 文叶飞, 陈刚, 陈振垚. 积极探索资源枯竭型城市产业转型实践——访万山区委书记田玉军 [J]. 当代贵州, 2017 (28): 37.

[72] 姚传娟. 资源枯竭型城市产业转型路径选择——以安徽省淮北市为例 [J]. 陕西学前师范学院学报, 2017 (9): 52-55.

[73] 俞畅. 生态转型模式的农业产业结构调整 [D]. 上海: 华中师范大学, 2013.

[74] 陈吉雨. "资源诅咒"假说再检验 [D]. 杭州: 浙江大学, 2017.

[75] 赵奉军. 关于"资源诅咒"的文献综述 [J]. 重庆工商大学学报 (西部论坛), 2016 (1): 8-12.

[76] 王中亚. "资源诅咒"与资源型城市可持续发展研究 [D]. 天津: 天津大学, 2011.

[77] 徐凯. 资源诅咒与资源型城市转型研究 [D]. 北京: 中国地质大学, 2011.

[78] 张玥. "资源诅咒"与锁定效应规避 [D]. 西安: 陕西师范大学, 2015.

[79] 沈镭. 我国资源型城市转型的理论与案例研究 [D]. 北京: 中国科学院研究生院 (地理科学与资源研究所), 2005.

[80] 罗佐县. 提高能源自给率 保障能源安全路径设计与政策选择 [J]. 煤炭经济研究, 2014 (1): 14-18.

[81] 李海龙, 于立. 中国生态城市评价指标体系构建研究 [J]. 城市发展研究, 2011 (7): 81-86.

[82] 王强. 基于组合赋权和改进 TOPSIS 模型的长沙市生态可持续能力评价 [D]. 长沙: 中南大学, 2013.

[83] 陈建辉. 资源枯竭城市探索五大转型模式 [N]. 经济日报, 2004 (1).

[84] 谭飞, 宋常青. 我国资源枯竭型城市转型四大模式 [J]. 瞭望新闻周刊, 2006 (Z1): 43.

[85] 阮晓东. 资源枯竭城市三大转型模式 [J]. 新经济导刊, 2013 (11): 27-29.

［86］ Wackenagel M， Rees W E. Our Ecological Footprint—Reducing Human Impact on the Earth ［M］. Philadelphia： New society Publishers， l996.

［87］ Wacknnagel M， M， Onisto L， Bello P， et al. National Natural Capital Accounting with the Ecological Footprint Concept ［J］. Ecological Economics， 1999， 29 （3） 375 – 390.

［88］ Rees WE. Ecological Footprint and Appropriated Carrying Capacity： What Urban Economics Leaves Out ［J］. Environment and Unbanization， 1992， 4 （2）： 121 – 130.

［89］ Richard G. Chavez， Joseph Browder. Infrastructure Planning and Sustainable Development ［J］. Urban Planning and Development， 1998 （124）： 133 – 135.

［90］ 李静. 杭州市生态足迹动态分析与预测研究 ［D］. 浙江：浙江理工大学，2009.

［91］ 王世旭. 基于生态足迹模型的临沂市可持续发展状态评价 ［D］. 山东：山东师范大学，2009.

［92］ 李楠. 基于生态足迹模型的福州市生态城市初步研究 ［D］. 青岛：青岛大学，2008.

［93］ 孟现美. 生态足迹理论在生态城市发展中的应用研究——以湖州市为例 ［D］. 浙江：浙江大学农业与生物技术学院，2010.

［94］ 李晓东. 基于生态足迹模型的济南市生态城市初步研究 ［D］. 上海：华东师范大学，2006.

［95］ 王磊，李文娆，马玲等. 1999 – 2007 年开封市生态足迹动态变化分析 ［J］. 安徽农业科学，2010，38 （4）：2009 – 2011.

［96］ 邱寿丰，朱远. 2000 – 2008 年福建省生态足迹和生态承载力计算——基于国家生态足迹账户计算方法 ［J］. 生态经济，2010，6 （11）：169 – 173.

［97］ 曾江. 北碚区循环型生态城市发展模式研究 ［D］. 成都：西南大学，2018.

［98］ 任晓明，刘宁，李文青等. 南京市生态足迹变化和城市可持续发展的影响研究 ［J］. 前沿论坛，2008，9：26 – 36.

［99］ 薛国珍，苏志珠，马义娟. 山西省 2002 年生态足迹的计算与分析 ［J］. 太原师范学院学报，2006，5 （2）：111 – 114.

[100] 薛国珍，苏志珠，马义娟．山西省生态足迹的计算与分析 [J]．中国土地资源战略与区域协调发展研究，2016：458 - 463.

[101] 孙宏立．生态足迹分析在郑州北部综合生态经济示范区建设中的应用研究 [J]．地域研究与开发，2013，32（1）：138 - 142.

[102] 刘贵芬．重庆市生态足迹模型的计算与评价探讨 [D]．成都：西南大学，2007.

[103] 樊新刚．资源型城市石嘴山市生态城市建设研究 [D]．银川：宁夏大学，2006.

[104] 官凤．资源枯竭型城市可持续发展评价与战略研究 [D]．大连：东北财经大学，2006.

[105] 张晶．资源型城市生态承载力问题 [J]．商业时代，2009，12（9）：118 - 119.

[106] 杜晓睿．基于生态足迹模型的区域生态承载力研究——以重庆市为例 [D]．重庆：西南大学，2008.

[107] 熊勇．基于生态足迹理论的南昌市可持续发展动态分析 [D]．南昌：南昌大学，2018.

[108] 董超．基于生态足迹的旅游地可持续评价——以泰安市为例 [D]．泰安：山东农业大学，2011.

[109] 杨昕亮．昆明市生态足迹研究 [D]．昆明：西南林学院，2009.

[110] 薛丹．黔东南自治州生态足迹预测研究 [D]．成都：西南交通大学，2009.

[111] 谢雪峰．生态足迹模型于瑞金市生态承载力的研究 [D]．南昌：南昌大学，2008.

[112] 孙逊．广东省中山市生态足迹研究 [D]．广州：华南师范大学，2010.

[113] 李静．基于生态足迹模型的包头市可持续发展研究 [D]．成都：西南大学，2010.

[114] 陈成忠．生态足迹模型的多尺度分析及其预测研究 [D]．南京：南京师范大学，2008.

[115] 顾晓微，王青等．可持续发展的环境压力指标及其应用 [M]．北京：冶金工业出版社，2015：25 - 62.

[116] 张同斌．中国高新技术产业的发展及其影响因素研究 [D]．大连：

东北财经大学, 2012.

[117] 白琴琴. 包头市高新技术企业创新绩效评价与提升路径研究 [D]. 呼和浩特: 内蒙古科技大学, 2017.

[118] 吴丹. 高新技术产业发展评价及对策研究 [D]. 合肥: 合肥工业大学, 2016.

[119] 张薇. 河北省高新技术企业创新绩效评价及分析 [D]. 石家庄: 河北科技大学, 2015.

[120] 张雷. 山西省高新技术产业集群式创新能力分析与测度研究 [D]. 太原: 太原理工大学, 2015.

[121] 夏元旭. 辽宁省高新技术企业技术创新能力评价 [D]. 大连: 辽宁师范大学, 2007.

[122] 王岩. 高新技术中小企业业绩评价指标体系研究 [D]. 哈尔滨: 哈尔滨工业大学, 2011.

[123] 李晶晶. 高新技术企业研发投入的绩效评价 [D]. 郑州: 河南财经政法大学, 2016.

[124] 刘喆. 黑龙江省高新技术企业发展能力影响因素及评价研究 [D]. 哈尔滨: 哈尔滨工程大学, 2016.

[125] Ernie Goss, George S, Vozikis. High tech manufacturing: Firm Size, Industry and Population Density [J]. Small Business Economics, 2015.

[126] 赵伟峰. 黑龙江省高新技术企业发展战略研究 [D]. 哈尔滨: 哈尔滨工程大学, 2011.

[127] 徐梁博. 青海省高新技术企业发展能力评价研究 [D]. 西宁: 青海大学, 2016.

[128] 肖映霞. 新疆高新技术产业发展水平评价研究 [D]. 乌鲁木齐: 新疆财经大学, 2011.

[129] 王伟伟. 高新技术企业绩效评价指标体系研究 [D]. 石家庄: 石家庄铁道大学, 2014.

[130] 张雪菁. 成长期高新技术企业绩效评价的研究 [D]. 青岛: 中国海洋大学, 2013.

[131] 杨成. 高新技术企业研发团队绩效动态评价体系研究 [D]. 重庆: 重庆理工大学, 2014.

［132］孙琳琳. 内蒙古高新技术企业绩效评价研究 ［D］. 内蒙古：内蒙古科技大学，2012.

［133］郝晓燕. 山西省煤炭产业转型绩效评价 ［D］. 杨凌：西北农林科技大学，2016.

［134］Moriarty，Kosnikt. High Technology Marketing：Continuity Change. Sloan Management Review. 2013：44 – 61.

［135］Grkkik. Laitinen. Business Performance Measurement for knowledge – Intensive Oranizations. http：//ww. tut. fi/units/teta/mittaritiimi/julkaisut/HK. Pdf. 2016.

［136］John Hagedoorn. Competing in the New Economy：the effect of intellectual capital on corporate Entrepreneurship in High-technology New Ventures. R&D Management，2015（35）：137 – 155.

［137］Kelvin Cross，Richard Lynch. The Learning Organization And The Innovative Organization. Human Systems Management，2014（23）：93 – 100.

［138］Subramanian，Nilakanta. Organizational Innovativeness：Exploring the relationship between organizational determinants of innovation，types of innovacions，and measures of organizational performance. International Journal of Management Science，2016，24（6）：631 – 647.

［139］Xiao Hui Liu，Trevor Buck. Innovation performance and channels for international technology spillovers：evidence form Chinese high-tech industries. Research Policy，2017（36）：355 – 366.

［140］Jaakko Simonen，Philip Mccann. Firm innovation. The influence of R&D cooperation and the geography of human capital inputs. Journal of Urban Economics，2018（64）：146 – 154.

［141］Duysters G，Hagedoorn J. Do company strategies and structures converge in global market? evidence from the computer industry. Journal of International Business Studies，2014（32）：347 – 356.

［142］Hurley R F，Hult G T M. Innovation，Market Orientation and Organizational Learning. An Integration and Empirical Examination. Journal of Marketing，2013（3）：42 – 54.

［143］Durand T. Strategizing for Innovation：Competence Analysis in Assessing strategic Change. In Aime Heene and Ronsanchez. Competence-based Strategic Management，Chichester：John Willey，2011.

[144] Henderson. R，Cockburn. I. Measuring Competence? Exploring Firm Effects in Pharmaceutial Research. Strategic management Journal，Winter Special Issue，1995. 15.

[145] Meyer M. H. Revitalizing Your Product Lines Through Continuous Platform Renewal. Research Technology Management. March – April 2012：34 – 42.

[146] 徐中民．青海湖流域生态补偿空间选择与补偿标准研究［J］．冰川冻土，2013（2）：34 – 36.

[147] 刘辉生．烟台市生态足迹分析［J］．生态经济，2005（10）：15 – 17.

[148] 邓跞．四川省生态足迹的计算与动态分析［J］．四川环境，2003.

[149] 岳东霞．甘肃省生态足迹和生态承载力发展趋势研究［J］．西北植物学报，2004（3）：34 – 37.

[150] 谭庆．湖北省近20年生态足迹演化［J］．生态学杂志，2008（6）：16 – 18.

[151] 郭秀锐．城市生态足迹计算与分析——以广州为例［J］．地理研究，2003（10）：12 – 15.

[152] 任茜．初探生态足迹方法在县级城市的运用——以四川省都江堰市为例［J］．国土资源科技管理，2005（5）：22 – 25.

[153] 智瑞芝．基于生态足迹模型的大庆市可持续发展动态评估［J］．地理与地理信息科学，2005（9）：23 – 25.

[154] 叶田．上海市2003年生态足迹计算与分析［J］．四川环境，2005（6）：19 – 22.

[155] 赵先贵．生态文明视角的陕西省资源环境压力评价［J］．干旱区资源与环境，2016（10）：45 – 47.

[156] 刘建兴．中国三大产业生态足迹的投入产出分析［J］．生态环境，2007（3）：23 – 25.

[157] 刘锐．基于EFA的旅游景区生态承载力及可持续发展［J］．环境科学与技术，2005（10）：16 – 19.

[158] 吴隆杰．基于渔业生态足迹指数的渔业资源可持续利用测度研究［J］．中国海洋大学学报，2005（12）：45 – 47.

后　记

　　改革开放以来，煤炭工业经过 30 多年的现代化建设，煤炭开发规模、大基地建设、产业结构、现代化水平、全员效率都发生了根本性变化。煤炭作为我国的主要能源，在我国一次能源结构中的比重达到 60%，有力地支撑了国民经济和社会长期平稳较快发展。煤炭资源型城市是依托煤炭资源开发而兴建或发展起来的城市，城市的社会经济发展与资源开发有着极为密切的关系。随着资源逐渐枯竭，城市的发展就出现了一系列问题，可持续发展就显得越来越重要，实现生态转型成为重中之重。相应的关于资源枯竭型城市生态转型与可持续发展的研究也受到了广泛关注。

　　河南理工大学工商管理学院河南省高等学校人文社科重点研究基地"能源经济研究中心"自 2004 年成立以来，依托"矿业管理工程博士授权点"，长期致力于资源、环境与可持续发展的研究，重点围绕能源经济与政策、矿业管理工程、资源枯竭型城市转型与发展等方面开展了较为系统和富有创新的理论、模型与应用研究，本书就是这一系统研究的重要成果之一。

　　在本书的写作过程中，冯贝贝、靳婷、常孟琳参加了本书的资料收集与撰写，在此谨向他们表示由衷的感谢。本书得到了河南理工大学哲学社会科学创新团队资助（项目号：CXTD2020 - 2）。

　　感谢经济科学出版社张立莉，她为本书的出版付出了艰辛的劳动。

曾　旗

于河南理工大学工商管理学院能源经济研究中心

2020 年 4 月